SÉNÉGAL MAJEUR,
ENTREPRENANT ET SOLIDAIRE

Dr El Hadji Ibrahima MBOW

SÉNÉGAL MAJEUR, ENTREPRENANT ET SOLIDAIRE

Le livre programme en 555 Analyses, Dynamiques et Solutions

Sénégal
L'Harmattan

10 VDN, Sicap Amitié 3, Lotissement Cité Police, DAKAR

senharmattan@gmail.com / senlibrairie@gmail.com

ISBN : 978-2-14-048546-6

EAN : 9782140485466

SOMMAIRE

DÉDICACE

À tous mes compatriotes du Sénégal et de la Diaspora

À toute la jeunesse sénégalaise et africaine

HOMMAGES

Nous voulons rendre hommage à nos braves populations qui se débattent dans une crise multidimensionnelle et luttent courageusement pour y faire face au quotidien avec une capacité d'innovation et d'adaptation qui doit être valorisée et soutenue. Notre option irréversible est de nous engager à leurs côtés en contribuant à nous organiser et à nous mobiliser en vue d'apporter ensemble des solutions à nos problèmes. C'est tout le sens de notre combat au service du peuple, avec le peuple.

Je souhaiterais exprimer notre gratitude à tous les membres, sympathisants et alliés de Union Citoyenne Bunt bi, citoyens entreprenants et solidaires au service du Sénégal Entreprenant et Solidaire, qui nous ont remontés les préoccupations, aspirations et attentes des populations à l'occasion de tournées.

Je voudrais également adresser nos compliments et encouragements à nos compatriotes de la diaspora qui se battent nuit et jour pour soutenir les familles restées au Sénégal.

C'est avec un immense respect que je rends hommage aux quatre Présidents de la République du Sénégal pour leurs contributions respectives en leur qualité de Chef d'État du Sénégal.

Premier Président de la République Feu Léopold Sédar SENGHOR

Deuxième Président de la République Abdou DIOUF

Troisième Président de la République Abdoulaye WADE

Quatrième Président de la République Macky SALL

Ce livre programme, s'inspire aussi de leurs réussites et échecs, dans leur tentative de développement du Sénégal.

Sénégal Majeur est une offre politique ambitieuse constituée de 555 analyses, dynamiques et solutions concernant le programme pour bâtir un Sénégal Entreprenant et Solidaire dans une démocratie apaisée et consolidée.

Cette contribution inédite se veut une vision éclairée traduite en un instrument de travail pratique pour le Cinquième Président de la République du Sénégal, s'il plaît à Dieu.

Considération.

REMERCIEMENTS

Je tiens à remercier très chaleureusement tous mes collègues, Honorables membres du Conseil Économique Social et Environnemental (CESE) depuis 2013, nos travaux en commissions, nos missions de terrain, nos auditions ainsi que nos réflexions et concertations m'ont largement inspiré dans la production de ce livre programme.

J'associe à ces remerciements les Présidents du CESE qui se sont succédé dans cette institution ainsi que les secrétaires généraux et tous les membres de l'administration du CESE.

Je remercie la haute administration de nos ministères ainsi que les Ministres pour la mise à disposition des documents et pour leur généreuse disponibilité à l'occasion de nos réunions de travail ou sessions au sein des Institutions de la République ou à l'occasion de travaux de la Commission Nationale de Dialogue des Territoires (CNDT) ou du comité FORCE COVID.

Je remercie les Organisations paysannes et organisations d'agriculteurs, d'éleveurs, de pêcheurs, les organisations professionnelles d'artisans et de commerçants et associations du secteur informel.

Je remercie les acteurs de la Société Civile notamment le Forum Civil pour leur rôle de sentinelle, de contributeur de qualité de notre démocratie et de levier de bonne gouvernance.

Je remercie les journalistes professionnels et les entreprises de presse pour les informations fournies sur la gouvernance économique, sociale et environnementale.

Je remercie les ingénieurs et professionnels de l'Institut Sénégalais de Recherches Agricoles (ISRA) et de l'Institut de Technologie Alimentaire (ITA) pour leurs productions scientifiques de haute facture.

Je remercie les Syndicats et Centrales syndicales du Sénégal ainsi que le Patronat et les organisations patronales pour leurs réflexions.

Je remercie tous les agents de la fonction publique et tous les agents de l'État du Sénégal.

J'adresse mes vifs remerciements aux collègues du Comité Force COVID-19 et de la CNDT.

Je remercie mes collègues professeurs, enseignants, chercheurs du Laboratoire Finance Organisation Comptabilité et Stratégie (FOCS) de la Faculté des Sciences Economiques et de Gestion (FASEG) de l'Université Cheikh

Anta DIOP de Dakar (UCAD) et de l'École Supérieure Polytechnique de Dakar (ESP).

Je remercie tous mes collègues du Centre africain d'études supérieures en gestion (CESAG), Établissement public international sous la tutelle de la Banque Centrale des États de l'Afrique de l'Ouest (BCEAO).

Je remercie tous mes collègues et étudiants du Groupe Institut Africain de Management (IAM) et du Groupe Institut Supérieur de Management (ISM) Dakar et Thiès.

Je remercie les Universités de Montpellier, Dijon, Orléans, Dakar pour leur immense apport scientifique et leur importante documentation mise à disposition.

INTRODUCTION

Le Sénégal, notre pays est aujourd'hui confronté à une profonde crise morale, sociale, économique et politique dans un contexte mondial complexe et incertain. Après plus de 60 ans d'indépendance, les populations les plus défavorisées en milieu rural comme urbain, continuent de vivre des situations d'extrême précarité. Les inégalités sociales et la persistance de la pauvreté s'accentuent.

Le Sénégal est à la croisée des chemins, le risque est grand d'une confiscation du pouvoir par une oligarchie mafieuse spécialisée dans la spéculation foncière, les commissions occultes et l'accaparement des ressources publiques.

Nous voulons mettre un terme à cela, sauver le Sénégal et construire ensemble cette alternative au service du peuple.

Le programme Sénégal Entreprenant et Solidaire, part d'un diagnostic lucide des problématiques de notre pays et propose des solutions globales économiques, techniques, politiques, accompagnées de réformes institutionnelles adéquates qui permettent des avancées concrètes dans la vie de tous les jours de nos compatriotes.

En effet, nous proposons des solutions face aux crises de l'emploi, à la cherté de la vie, aux crises énergétiques, agricoles, à la crise de l'habitat avec le drame des inondations récurrentes, à la mal gouvernance du système de santé avec les multiples drames dans nos établissements de santé, à la crise dans le système éducatif et dans nos universités, à l'insécurité quotidienne dans les espaces collectifs et sur les voies publiques, aux menaces sur l'environnement, et également face aux tensions dans nos relations sous régionales et extérieures.

Notre objectif est de proposer une alternative fondée sur la mobilisation citoyenne et une action politique saine, capitalisant nos expériences collectives et mettant en perspective nos opportunités dans le but de construire un programme capable de transformer le Sénégal avec les populations et au profit de toutes les populations pour un meilleur vivre ensemble : le Sénégal Entreprenant et Solidaire.

Le retour au patriotisme, aux valeurs et à l'éthique est une nécessité dans notre pays. Les valeurs de dignité, de travail, d'honneur, de respect de soi, de la communauté, des engagements et de la discipline doivent être réhabilitées au Sénégal. Ces valeurs ainsi définies servent à fonder une vision d'un Sénégal, responsable, mature et ouvert sur l'Afrique et le Monde. C'est tout le sens de notre programme Sénégal Entreprenant et Solidaire.

Notre programme se fonde sur la nécessité de faire la politique autrement voire de refonder l'action politique. En effet, la pratique actuelle met en évidence une conception dangereuse et destructrice qui se résume à faire de la politique, un moyen d'accéder aux ressources publiques pour s'en accaparer à des fins personnelles ou pour entretenir des clans abusant de leurs privilèges.

Cette conception de la politique est en soi une perversion de l'engagement militant, qui entraîne les drames que nous connaissons. Le retour à la citoyenneté est devenu une nécessité dans la tradition des pères de l'indépendance. Il faut des citoyens qui aiment le Sénégal et qui traduisent cet amour et ce patriotisme en un engagement politique sincère afin de défendre le Sénégal et ses populations à travers une action publique efficace et durable.

L'atteinte des objectifs et l'efficacité dans l'action supposent une méthode. Celle-ci se fonde sur trois dimensions : la consultation préalable à l'image de ce qui s'est fait dans le cadre des Assises Nationales que nous avons initiées, renforcées et soutenues durant tout le processus.

La deuxième dimension est l'expérimentation des idées justes. Éviter les approximations et les tâtonnements. Les expériences du Plan Sénégal Émergent (PSE) de 2014 à nos jours et du SOPI de 2000 à 2012, montrent à quel point il est urgent de procéder avec méthode.

La troisième dimension est la vitesse d'exécution. Il est urgent de régler les problèmes de base dans une époque où tout s'accélère notamment avec la révolution numérique et la globalisation des cultures. La planification stratégique, la méthode et le suivi des résultats doivent être au cœur du système pour une mise en œuvre de qualité des politiques publiques. Sans confondre vitesse et précipitation, les projets doivent être exécutés dans les délais requis pour qu'ils produisent leur plein effet sur le bien-être des populations.

Le programme Sénégal Entreprenant et Solidaire compte bâtir une équipe citoyenne capable de prendre, de gérer et de l'exercer le pouvoir au bénéfice des populations. Les compétences sénégalaises sont reconnues dans tous les secteurs et à tous les niveaux. Il est temps de les mobiliser autour d'un programme cohérent d'actions et de résultats.

Le programme Sénégal entreprenant et solidaire repose sur cinq piliers présentés ci-dessous. Chaque pilier est traité séparément dans cet ouvrage pour en faciliter l'exploitation. Le premier pilier concerne l'industrialisation de notre économie, priorité numéro 1, afin de créer massivement des emplois durables et des richesses favorisant ainsi un accès profitable aux marchés extérieurs et un gain de parts de marchés croissantes pour les produits et services made in Sénégal.

Nous voulons industrialiser notre pays, en implantant sur l'ensemble du territoire des bassins industriels innovants, basés sur les compétences distinctives de chaque zone, financés par l'État, les Conseils territoriaux, le secteur privé et avec l'appui de partenaires stratégiques pour approvisionner les marchés intérieur et extérieur.

L'État doit rationaliser, consolider et diversifier son portefeuille pour jouer pleinement son rôle de locomotive économique dans ce contexte de rude concurrence et de repli protectionniste des États. Le pouvoir d'achat des populations doit être consolidé par des gains de productivité et des prix compétitifs en ce qui concerne les produits de première nécessité notamment les produits alimentaires et les médicaments.

Le deuxième pilier se rapporte à la refondation et la modernisation de notre administration avec la création d'un ministère des données, dispositif inédit qui permet de gagner en efficacité et de faciliter le quotidien de nos compatriotes. La consolidation des corps de contrôle de l'État est un défi à relever. Les finances publiques doivent être assainies par une réduction du train de vie de l'État, des Institutions et des Agences sans proportion avec les ressources du pays. Des réformes institutionnelles contenues en grande partie dans la charte de gouvernance démocratique des Assises Nationales du Sénégal accompagnent la refondation et la modernisation de l'État proposées dans le cadre de notre programme Sénégal Entreprenant et Solidaire.

Le troisième pilier est relatif à l'aménagement du territoire avec un nouveau découpage en cinq méga régions ou régions territoires alliant économie, sécurité, libre administration, confort, modernité, écologie, solidarité, innovations et développement durable. Un conseil territorial, un collège préfectoral et un ministère d'État en charge des programmes de la méga région vont être institués par l'Acte Unique de la déconcentration et de la décentralisation qui va consacrer le basculement de ressources publiques importantes au profit des méga-régions.

Le quatrième pilier concerne la garantie des services prioritaires universels (santé, éducation & formation, habitat & cadre de vie, eau, électricité, protection sociale & solidarités, télécommunications, mobilités). La couverture de ces besoins n'est pas assurée malgré les efforts entrepris depuis de nombreuses années. Dans tous ces secteurs prioritaires, les budgets alloués sont notoirement insuffisants. Le manque d'infrastructures adaptées, le sous-équipement et les sous-effectifs en ressources humaines qualifiées ainsi que les disparités géographiques et iniquités territoriales sont les caractéristiques permanentes de ces secteurs névralgiques. Nous proposons d'augmenter le volume des dépenses dans ces secteurs et d'accroître les investissements efficaces à travers des budgets transparents, responsables et réalistes.

Le cinquième pilier apporte des solutions pour dynamiser la coopération régionale et internationale. Il s'agira de refonder notre diplomatie dans un contexte de tensions dans les relations internationales et de guerres économiques complexes. Les représentations diplomatiques sont surabondantes et doivent être rationalisées avec mise en avant de la coopération économique, monétaire, sécuritaire et environnementale.

Le coût global du programme Sénégal Entreprenant et Solidaire est estimé à 100 000 milliards de FCFA sur dix ans soit une moyenne de 10 000 milliards FCFA par an. Nous proposons dans un document spécifique, le détail de l'intégralité du plan de mobilisation de ressources financières (recettes fiscales, recettes non fiscales, emprunts, etc.), les budgets prévisionnels annuels et pluriannuels ainsi que les simulations des experts.

Dans le cadre de ce livre programme, nous avons choisi de limiter au minimorum la présentation de données chiffrées (indicateurs macroéconomiques, statistiques gouvernementales, indicateurs économiques et sociaux, données comptables et financières, statistiques agricoles, etc.) compte tenu de la difficulté que nous avons à établir la fiabilité et la véracité des données exposées.

Les données gouvernementales publiées sont souvent anciennes, controversées et variables d'un organe à un autre, d'une institution à une autre, d'un discours à un autre. Le débat sur les chiffres publiés est certes utile, souvent nécessaire mais est souvent sans fin, surtout en ce qui concerne les performances économiques et sociales, les investissements publics, les niveaux d'endettement public, les déficits publics, les taux d'emploi, de chômage, les statistiques agricoles, les statistiques médicales et sanitaires, les données comptables, économiques et financières concernant les sociétés publiques et les sociétés nationales, les entreprises du secteur privé et du secteur informel. De même, les données concernant les contrats pétroliers et gaziers ainsi que les contrats miniers ne sont pas clairement exposées.

De plus, les querelles de chiffres polluent le débat sur le contenu qualitatif de cet ouvrage. Voilà pourquoi dans le cadre de la modernisation de l'administration, nous proposons la création d'un Ministère des données, unique au monde, pour régler définitivement la problématique de la gouvernance si stratégique de nos données (collecte, traitement, exploitation, archivage et sécurisation).

PREMIER PILIER

INDUSTRIALISER NOTRE ÉCONOMIE

PRIORITÉ NUMÉRO1 DE LA GOUVERNANCE ÉCONOMIQUE

1. Le premier pilier concerne l'économie et la création de richesses dans notre pays à partir de l'industrialisation de notre économie dans le but d'abord de promouvoir efficacement la création d'entreprises industrielles, commerciales et de services compétitives et au service de notre économie sur les marchés extérieur et intérieur, ensuite de favoriser la production de richesses et d'emplois durables et enfin de doter notre État d'un portefeuille d'actifs riche, diversifié et stratégique procurant des recettes financières importantes tout en consolidant le pouvoir d'achat de nos compatriotes.

2. L'industrialisation stimule la productivité et la compétitivité en introduisant de nouvelles techniques, technologies et méthodes organisationnelles, crée des emplois, rehausse les compétences de la main d'œuvre, favorise l'économie formelle, améliore l'économie en général et participe à la stabilité sociale.

3. Notre État doit être au cœur de l'économie réelle et nous proposons un État entreprenant qui sera la locomotive entraînant la machine économique dans la production de richesses. En effet environ 10% au minimum du budget de l'État, environs 500 milliards de francs CFA de capitaux propres seront consacrés chaque année aux participations de l'État dans les entreprises industrielles, commerciales et de services pendant 10 ans à compter de 2024. Sur 10 ans, environs 5000 milliards au minimum seront mobilisés pour accompagner cette dynamique économique. Ces participations sont complétées par les participations du secteur privé national et des apports de partenaires étrangers choisis de manière stratégique selon des critères bien définis dans l'intérêt de notre économie.

4. L'agroalimentaire, l'industrie pharmaceutique, les énergies renouvelables, les transports modernes, les bâtiments et travaux publics, l'économie numérique et les télécommunications, le tourisme, la chimie, les industries culturelles, l'économie du sport et les services… sont des secteurs prioritaires pour lesquels notre pays a comme objectifs outre la satisfaction du marché intérieur, la conquête des marchés de la sous-région, de la zone de libre-échange continentale (ZLECA) et de l'international avec des produits et services compétitifs au regard des normes et standards internationaux.

5. La vocation de notre pays est de devenir un pays industriel compétitif, autosuffisant sur le plan alimentaire et richement doté d'emplois qualifiés durables. L'objectif est

d'ajouter de la valeur à nos ressources brutes. Le Sénégal est riche en matières premières de toutes sortes (pétrole, gaz, phosphates, zircon, fer, or, bois et grumes, arachides, riz, fruits et légumes, noix de cajou, produits de la mer, etc.).

6. Mais, comme nombre de pays africains, il les exporte sans les avoir transformées. Résultat : l'industrie demeure le parent pauvre d'une économie très instable, puisqu'étroitement corrélée aux cours mondiaux. Les filières traditionnelles d'exportation (arachides, phosphates, fer, produits de la pêche) n'offrent plus de perspectives porteuses sur le long terme, ces tendances étant le résultat de l'affaiblissement du potentiel des ressources naturelles internes et de la crise des débouchés extérieurs.

7. Le manque de vision politique, l'instabilité politique, la faiblesse de la taille du marché, les difficultés d'accès au financement, et le faible niveau du capital humain sont également souvent mis en évidence comme entraves majeures à l'industrialisation de nombre de pays du continent africain.

VISION INDUSTRIELLE ET PORTEFEUILLE DE L'ÉTAT

8. Le programme Sénégal Entreprenant et Solidaire déploie une stratégie à adopter pour mettre en place une nécessaire et véritable politique industrielle. Pays fondamentalement agricole et détenant des ressources minières et minéralières assez importantes, notre pays continue de sous utiliser ce potentiel pour son propre développement socio-économique. Les plus grands bénéficiaires sont des sociétés à capitaux majoritairement étrangers présents sur notre territoire et exportant leurs productions matières brutes ou produits semi-finis.

9. Notre objectif est de bannir ces pratiques en dotant notre État d'un portefeuille lui permettant d'être le plus grand bénéficiaire de nos ressources et d'être la locomotive du développement industriel. Le portefeuille de l'État et des collectivités territoriales doit être le principal instrument de la politique d'industrialisation de notre pays durant la période 2024-2034.

10. Les sociétés nationales, les entreprises publiques et parapubliques doivent être restructurées et consolidées. De nouvelles sociétés industrielles, commerciales et de services ainsi que des banques d'investissements et banques des territoires, créées à l'initiative de l'État avec ouverture large ou restreinte du capital selon les objectifs visés et les marchés ciblés afin d'impulser une dynamique robuste en matière d'industrialisation, de création massive d'emplois et de richesses.

11. L'accompagnement et le contrôle des personnes morales de droit privé bénéficiant du concours de la puissance publique doivent être menés avec efficacité. L'observatoire national de l'investissement doit être un instrument performant pour accompagner la politique d'industrialisation.

12. Les participations de l'État dans le capital des sociétés industrielles, commerciales et de services seront étudiées avec soin et les ministères en charge du portefeuille et des industries seront dotés en conséquence en ressources financières, humaines et technologiques pour relever les défis de la compétitivité et des performances économiques.

13. Cependant, les chocs extérieurs répétitifs comme le *Covid-19*, les guerres dans d'autres régions du monde, les effets des changements climatiques, le repli protectionniste de nombre de pays, les flux migratoires nous ont fait prendre conscience de la nécessité de diversifier notre économie pour mieux résister et se doter de capacités productives qui permettent une croissance économique forte et durable, la

création d'emplois, la réduction notable de la pauvreté et apportant une pleine contribution au développement inclusif et durable du pays.

14. Conscientes de la nécessité d'industrialiser l'économie du pays, les élites intellectuelles et politiques ont souvent formulé nombre de recommandations pour accélérer l'industrialisation de notre pays en prenant exemple sur l'Éthiopie, le Maroc ou le Ghana.

15. Cependant, faute de volontarisme au niveau des politiques publiques et de leadership sur le rôle central que devrait jouer l'industrialisation de nos économies, très peu d'actions ont suivi, en dehors de quelques exceptions dans l'industrie manufacturière et dans les industries légères de transformation notamment dans l'agro-alimentaire et dans la chimie, les hydrocarbures et la production de phosphate et l'exploitation des minerais de fer.

16. L'accent doit être mis premièrement sur la transformation des matières premières agricoles, halieutiques et sylvopastorales ; deuxièmement sur la transformation industrielle des ressources minérales et des hydrocarbures ; troisièmement sur le développement de l'industrie pharmaceutique et pharmacopée avec mise en place de normes et d'un label reconnus à l'international ; quatrièmement sur le développement des industries à forte intensité technologie et d'innovation en y associant nos universités et laboratoires de recherches et cinquièmement sur les services, l'industrie culturelle et l'économie du sport.

17. La transformation économique passant par l'industrialisation est une stratégie fondamentale pour la croissance et la création d'emplois et de richesses. Aucun pays au monde ne s'est développé sans une véritable politique industrielle au sens large.

18. L'effectivité de la Zone de Libre-Échange Continentale Africaine (ZLECA) contribue à promouvoir cette dynamique d'industrialisation car offrant différentes opportunités d'échanges, de complémentarités et de protection aux États membres ; donc une source de croissance et de développement.

19. Le dynamisme d'une telle union, devrait accroître potentiellement le commerce intra-africain en éliminant quasi complètement les barrières tarifaires. L'ambition affichée est de contribuer au progrès économique et social grâce au développement d'un tissu industriel inclusif et durable, source de création de richesses et d'emplois axée sur la promotion de la Petite et Moyenne Industrie (PMI) constituant l'écrasante majorité des unités industrielles et une meilleure valorisation des ressources locales.

20. Le développement industriel endogène impulse une dynamique interne de valorisation optimale des ressources nationales, corrige la faible intégration de l'industrie locale par la remontée des filières et promeut des activités industrielles profitables, orientées aussi bien vers les marchés nationaux qu'extérieurs.

21. Il vise notamment une mise à niveau des entreprises, un développement industriel qui valorise les ressources locales et renforce l'intégration de l'industrie locale par une restructuration des filières dans les secteurs concernés.

22. Le Sénégal est toujours à la recherche d'une nouvelle politique industrielle. Les réformes en cours témoignent des contraintes qui pèsent sur l'industrialisation de l'économie nationale.

23. Dans un premier temps, la gouvernance des secteurs de l'agriculture, de l'élevage et de la pêche et des industries de transformation avait imposé à l'État de définir des choix stratégiques prioritaires répondant aux objectifs de croissance économique, de couverture de la demande locale, d'exportations et également d'emploi, de maîtrise technique, de répartition spatiale des activités et de complémentarité entre le public et le privé.

24. De ces actions a résulté un tissu industriel faible, peu performant sur le plan économique, peu diversifié mais surtout fragile et largement exposé aux contraintes externes. Il faut rompre avec cet héritage colonial qui avait légué un modèle de croissance de type agro-minier (arachides, produits de la mer et dérivés, sels et phosphates essentiellement) où prédominaient un secteur primaire de production, une faible diversification du système productif et surtout une hégémonie du marché extérieur sur les transactions commerciales, les flux de revenus et la structure de la demande.

25. Le risque est réel de voir nos ressources pétrolières et gazières suivre le même modèle de dépendance qui va fatalement créer une chaîne de vulnérabilités et de dépendances de notre économie par rapport aux pays industrialisés, car en effet, l'opérationnalisation du dispositif prévu par la loi sur le contenu local n'est pas à ce jour au point.

26. Alléger les charges pour impulser la compétitivité des entreprises. Aussi, pour permettre le développement économique intégral et l'élévation de l'investissement industriel, le pilier « industrialisation » comporte des mesures transversales de soutien à la compétitivité des entreprises, centrées sur la mise en place et l'élargissement des instruments de soutien et de consolidation des fonds propres des industries prometteuses et créatrices d'emplois qualifiés durables.

27. La deuxième série de mesures vise le renforcement des fonds propres des entreprises industrielles, *via* des prêts participatifs ou de divers concours bancaires, en lien avec les méga-régions, afin d'assurer la croissance profitable de leurs parts de marché et leur capacité d'investissement. Un dispositif institutionnel sera mis en place pour éviter le centralisme administratif généralement contre-productif. Ce dispositif s'appuierait sur les méga-régions et sur la Banque des territoires nouvellement mises en place.

28. Pour soutenir l'industrie, nous proposons également de convertir en quasi-fonds propres ou en prêts de très long terme l'endettement contracté durant la période de

constitution ou de consolidation du capital ou de démarrage des activités.

29. En vue de relancer le tourisme, nous proposons également, afin de permettre aux entreprises de gagner en autonomie et d'engager les nécessaires investissements pour maintenir leur compétitivité, de mettre en place un prêt garanti par l'État à long terme.

30. La troisième série de mesures concerne la fiscalité des entreprises. Sur la base d'une partie compensatrice de recettes gazières et pétrolières affectée au budget de l'État, un plan inédit de réduction d'impôts sera entrepris à compter de 2024 pour favoriser la création d'emplois et lutter efficacement contre le chômage des jeunes. Le principe est retenu d'alléger durablement la pression fiscale qui pèse sur toutes les entreprises pendant la période 2024-2034 notamment les industries créatrices d'emploi. Il convient néanmoins de noter que la réforme des impôts « de production » ne se fera au détriment des ressources des collectivités territoriales.

31. Les collectivités territoriales mettent en place les conditions d'accueil des entreprises et de bon fonctionnement des zones d'activités, clusters, pôles de compétitivité, plateformes aménagées. Elles attribuent ou mettent à disposition des parcelles de terres au profit des entreprises qui s'installent dans leur périmètre. En contrepartie, les collectivités territoriales reçoivent, par leur biais des organes dédiés des participations ou des parts de

sociales dans le capital social des entreprises présentes sur leur territoire.

32. Autre mesure : soutenir l'investissement et l'innovation dans les secteurs d'avenir. Une politique industrielle soutenue implique de positionner notre économie sur les marchés de croissance actuelle et future notamment au sein de la zone africaine de libre-échange continentale. L'émergence de nouvelles technologies et de nouveaux produits reflète les évolutions de la société et de l'économie, face à des défis immenses, tels que la pénétration du numérique ou la transition énergétique malgré notre nouveau statut de pays pétrolier et gazier. L'après pétrole se prépare dès à présent.

33. L'investissement dans l'innovation et la recherche sera donc un levier central de la stratégie industrielle, permettant non seulement d'ouvrir ces nouveaux marchés, mais aussi d'accroître la productivité et donc la compétitivité dans les secteurs « traditionnels » comme l'agriculture, l'industrie ou le commerce. L'amplification des liens entre recherche publique et recherche privée devra également constituer l'un des axes majeurs de la politique industrielle. Dans ce contexte, nous recommandons de miser sur l'innovation collective en renforçant les dotations aux centres techniques industriels mis en place et en donnant une nouvelle impulsion aux pôles de compétitivité.

34. Les pouvoirs publics devront investir dans le capital humain et promouvoir la formation des ressources humaines aux métiers du pétrole et du gaz et services connexes, aux

nouvelles technologies, en particulier au numérique dont la pénétration dans la vie économique n'est plus à démontrer. Le cadre réglementaire, aussi, doit poursuivre sa mutation, notamment en matière de fiscalité environnementale, de droit de la concurrence ou encore de véhicules autonomes, pour mieux accompagner l'émergence de technologies et de produits et services innovants.

35. Le programme Sénégal Entreprenant et Solidaire tout en identifiant les secteurs prioritaires, révèle les vulnérabilités potentielles de notre économie ainsi que sa dépendance à certains fournisseurs notamment étrangers. Diversifier les sources d'approvisionnement pour les industries et relocaliser certains centres de décisions et de production critiques au niveau des territoires qui ont des potentialités.

36. Nous proposons d'encourager ce processus par un mécanisme d'incitation fiscale : une exonération temporaire de certains impôts qui pourrait bénéficier aux entreprises qui viennent implanter leurs installations sur le territoire, sur les secteurs jugés prioritaires ou stratégiques. Un tel dispositif devrait être suffisamment encadré pour ne pas créer d'effets d'aubaine sans résultats positifs en matière de création d'emplois et de richesses partagées pour les collectivités territoriales et l'État, et surtout être assorti d'une conditionnalité de maintien durable sur le territoire afin d'éviter les activités opportunistes et vagabondes. Des dérogations facultatives à certaines règles — par exemple en matière d'urbanisme, de procédures administratives — ou

des incitations fiscales pourraient déclencher et accompagner des décisions d'installation au sein des régions-territoires.

37. Par conséquent, l'organe en charge de l'industrialisation propose d'exercer le contrôle de l'investissement étranger dans les entreprises sénégalaises. Il suggère un seuil modulable de prise de participation dans une société déclenchant le contrôle du ministre en charge du portefeuille ou même du Ministre de l'Économie, en le portant selon le cas entre 30 et 50 %. Cette disposition permettra de jauger en permanence le niveau global des participations et acquisitions.

Créer des emplois, une haute priorité

38. La création d'emplois durables est une haute priorité du programme Sénégal Entreprenant et Solidaire. Nous devons en conséquence soutenir résolument la formation professionnelle et l'insertion des jeunes sur le marché du travail. Les difficultés que notre pays traverse et la réduction massive de l'activité économique menacent lourdement les 300 000 jeunes environ supposés entrer sur le marché du travail chaque année. Les jeunes sont les premiers touchés par les destructions réelles ou potentielles d'emplois consécutives à la crise économique qui perdure depuis plusieurs années et qui s'est accentuée avec la crise sanitaire qui n'a épargné aucune économie du monde.

39. L'emploi qualifié chute ainsi lourdement et se replie fortement dans les services marchands et le secteur industriel. La meilleure perception du niveau de chômage massif, plus éloquente que les douteuses statistiques officielles, se fonde sur le vécu au quotidien dans nos familles et nos foyers.

40. Le secteur informel continue d'offrir des emplois précaires, inconstants et inconsistants, incapables d'améliorer les conditions de vie de nos populations. Les recrutements effectués dans la fonction publique sont significatifs depuis une dizaine d'années dans les secteurs de l'éducation, de la santé, dans les forces de défense et de sécurité et dans la sécurité de proximité mais sont loin de réduire le taux de chômage.

41. Les incertitudes sur la sortie de crise et l'accumulation des dépôts de bilan, faillites, cessations d'activités, créations avortées, microprojets sans consistance et sans avenir, et pertes des entreprises ces dernières années laissent entrevoir la perspective d'une consolidation du chômage de masse et une précarisation aggravée de la jeunesse surtout celle non formée donc non qualifiée.

42. Le désespoir et l'angoisse sont tels que nombre de jeunes se considérant comme laissés pour compte bravent encore au péril de leurs vies, les océans et le désert pour tenter de rejoindre à tout prix l'Europe espérant de meilleures conditions de vie dans un hypothétique et incertain eldorado.

43. L'Europe, tous pays confondus, traverse aussi une crise sévère aggravée par des tensions internationales. Le taux de chômage est élevé dans les tous les pays européens et ne cesse de grimper jusqu'à atteindre un pic de plus de 10%, très au-dessus des précédents historiques, excepté en Allemagne et dans les pays scandinaves qui semblent plus efficaces dans la préservation des emplois, la lutte contre le chômage, la formation professionnelle et les politiques

d'insertion, de qualification, d'adaptation, de reconversion de de prises en charge des demandeurs d'emplois, des étudiants entrant dans le marché du travail et des chômeurs de longue durée.

44. Dans notre pays, la multiplication des écoles de formation et des écoles supérieures avec des diplômes en tous genres notamment des masters sans réelle prise en compte des besoins du marché, est souvent considérée comme un réceptacle voire une fuite en avant d'étudiants ou de jeunes ayant suivi des formations professionnelles retardant leur entrée sur le marché du travail.

45. Cela est le symbole du peu de confiance de la nouvelle génération vis-à-vis des potentialités du marché de l'emploi en cette période d'incertitudes et de crises, d'autant qu'il n'existe pas d'entreprises anciennes ou nouvelles créatrices d'emplois de manière significative.

46. De même, les politiques publiques actuelles et leur traduction dans l'environnement institutionnel, l'environnement économique, l'environnement sociodémographique et l'environnement technologique de même que l'évolution des marchés des produits et services, n'offrent point de leviers et de garanties de croissance et d'expansion dans les marchés intérieur et extérieur. Notre pays est en effet orphelin de vision économique efficace depuis plus de vingt ans.

47. Concrètement nous proposons des allègements voire des suppressions de charges à destination des entreprises embauchant un nombre significatif de jeunes en contrat à durée indéterminée (CDI) pour leur premier emploi. Cela pourrait inciter les entreprises à consolider leur recrutement. En parallèle, l'État doit s'assurer de la prise en charge et de l'accompagnement des personnes plus âgées, en situation de précarité, devenues vulnérables car fragilisées par une conjoncture économique qui menace leur emploi.

48. Un renforcement de la politique de formation dans des secteurs d'avenir, comme le numérique, l'hygiène et la sécurité, les énergies propres, l'agriculture biologique, l'aquaculture, la santé et la nutrition, les métiers du pétrole et du gaz, la pharmacopée ou l'environnement, permettrait aux jeunes demandeurs d'emplois d'acquérir des compétences et des habilités, afin de mettre à profit leur période de formation en alternance par exemple.

49. Également, l'apprentissage doit être institué et soutenu dans le but de faciliter l'acquisition des compétences et la valorisation de capital humain afin d'assurer un bon appariement de l'offre et de la demande sur le marché du travail en perpétuelle mutation. Le déficit de compétences se fait sentir dans nombre de secteurs précisément au moment où notre pays envisage l'industrialisation de son économie.

50. Une jeunesse nombreuse, sans formation, sans qualification et sans emploi, a un coût social et budgétaire très élevé sans compter les risques de soulèvements, de débordements et de destructions de biens publics et privés à

l'occasion de manifestations publiques. Aussi, les pertes humaines notées durant les nombreuses tentatives de migrations irrégulières représentent un coût inestimable à tout point de vue.

51. Un plan ambitieux de soutien aux centres de formation des apprentis serait alors nécessaire et serait accompagné de dépenses sociales à destination des jeunes sans contrat qui vivent dans une extrême précarité, en accordant une attention particulière aux femmes et aux personnes vivant avec un handicap.

52. Le taux de chômage est plus élevé chez les femmes que chez les hommes. Il est également plus important à Dakar qu'en milieu rural. Également, le secteur informel concentre la majorité des emplois, mais c'est aussi le secteur qui crée la quasi-totalité des nouveaux emplois.

53. La création d'emplois durables qualifiés et non qualifiés au profit des jeunes est une préoccupation constante du programme Sénégal entreprenant et solidaire. Un cadre commun d'harmonisation des stratégies, de supervision, de coordination, de suivi et de contrôle de ces différentes activités de création et de consolidation des emplois sera rapidement mis en place afin de rendre efficaces les politiques publiques et les mesures prises en faveur de l'emploi.

54. Ainsi, ce cadre aura pour rôle de définir la politique et les stratégies de création d'emplois notamment pour les jeunes, de gérer des fonds destinés aux programmes de

création des emplois et d'arbitrer leur distribution pour les différentes structures d'intervention, de dénicher, en relation avec toutes les structures publiques, parapubliques, privées et associatives, toutes les opportunités de création d'emplois.

55. Des dispositifs opérationnels vont être mis en place comme le dispositif de suivi-évaluation pour une bonne gestion des ressources, de même qu'un système d'information fiable sur le marché de l'emploi accompagné d'un Observatoire de l'emploi et des qualifications professionnelles et du Répertoire Opérationnel des Métiers et de l'Emploi (ROME), mis à jour et consolidé.

56. La formation professionnelle dans toutes les filières porteuses de croissance et pourvoyeuses d'emplois pour les jeunes va être renforcée. La réforme globale du système éducatif sera entreprise afin de promouvoir les formations techniques et professionnelles avec plus d'établissements techniques et professionnels créés dans les méga-régions afin de développer l'employabilité des jeunes (adéquation formation–emploi, etc.) et d'ouvrir l'école et l'université à l'entreprise et inversement. De même, la formation alternée école entreprise sera renforcée pour insérer massivement les jeunes dans les entreprises.

57. Les structures et fonds pour la formation professionnelle vont être reliés pour rationaliser les ressources et leur ventilation en concertation avec tous les acteurs : État, Secteur privé, Partenaires techniques et financiers, Société civile, Mouvements de jeunesse, syndicats, etc.

58. Au niveau des méga-régions, les grands travaux de constructions de nouveaux centres hospitaliers, d'universités spécialisées, d'écoles, de centres de formation, de zones industrielles, de centres sportifs, d'espaces culturels, de centre loisirs et d'espaces touristiques ainsi que les infrastructures routières, ferroviaires, aéroportuaires, maritimes, fluviales et hydrographiques seront pourvoyeurs d'emplois massifs pour les jeunes durant la période 2024-2034.

INDUSTRIALISER À PARTIR DE NOS RESSOURCES AGRICOLES

59. Priorité aux secteurs clefs de l'économie. En effet, l'industrialisation du Sénégal devra être fondée sur ses ressources agricoles propres. Un des éléments moteurs essentiels de cette industrialisation, est la nécessité de concevoir et de mettre en œuvre des plans de développement de filières et des stratégies agricoles efficaces pour surmonter les contraintes et exploiter les possibilités offertes à notre pays de s'engager dans la création de valeur ajoutée et dans l'industrialisation à partir de ses produits agricoles de base.

60. Les deux tiers des Sénégalais vivent directement ou indirectement de l'agriculture. Il est établi qu'environ 80% de leurs revenus monétaires proviennent des productions agrosylvopastorales. C'est dire que l'agriculture et l'économie rurale occupent une place de choix dans les stratégies de développement économique et social du pays.

61. Malgré tous les efforts déployés ces dernières années, l'agriculture et l'économie rurale du Sénégal connaissent de

plus en plus de difficultés liées à plusieurs effets conjugués : facteur climatique défavorable, désertification, dégradation des ressources de base, accroissement continu de la population, compétition à laquelle est confronté notre pays à l'échelle mondiale, absence infrastructures de stockage et de conservation, débouchés extérieurs insuffisants, etc.

62. Cet état de fait met les populations rurales dans une situation où elles doivent inventer des voies nouvelles et relever de nouveaux défis. Se pose alors une question centrale : comment relever un tel défi pour le Sénégal qui a de la peine à définir des politiques cohérentes et stables parce que très influencées par des facteurs externes et qui, de surcroît, dispose de ressources très limitées ?

63. S'il est nécessaire de considérer séparément le développement agricole comme un concept sectoriel économique et le développement rural, comme un concept spatial, les deux éléments sont néanmoins étroitement imbriqués en termes démographique, économique, culturel, mais aussi d'emploi et d'auto-emploi.

64. Les productions agricoles, animales, halieutiques et forestières sont considérées dans cette perspective comme des facteurs d'industrialisation de notre économie. Notre agriculture doit évidemment nourrir les populations, accroître les ressources en devises de l'État par les produits transformés d'exportation, protéger et améliorer les ressources naturelles, assurer à ses acteurs un niveau de revenu décent et en progression substantielle et enfin fournir des emplois aux jeunes.

65. Le métier d'agriculteur est en pleine mutation dans un contexte où l'apprentissage traditionnel n'est pas efficace pour relever le défi d'un approvisionnement optimal des industries et des marchés. L'analphabétisme dans nos campagnes est un facteur de blocage des performances. Également, la place de la femme reste marginale dans l'exploitation agricole et est souvent concentrée dans la petite production maraîchère.

66. Dès lors s'opposent deux types de modèles agricoles qui, a priori, peuvent paraître concurrentiels, mais qui sont en fait complémentaires. Il s'agit de l'agriculture familiale et de l'agro-business.

PROMOUVOIR L'AGRO-INDUSTRIE TOUT EN PRÉSERVANT L'AGRICULTURE FAMILIALE ET L'AGRICULTURE BIOLOGIQUE

67. La notion d'agriculture familiale repose sur une identité entre famille et exploitation. Elle fournit un revenu permettant d'assurer la subsistance d'un groupe. C'est un modèle de production agricole qui repose sur une main-d'œuvre familiale, et qui, en plus de son aspect sécuritaire, tient compte de l'équilibre social et environnemental, en créant un lien très fort entre l'homme et son milieu naturel. Elle est également créatrice d'emplois.

68. L'agriculture industrielle, communément appelée agro-business, est caractérisée le plus souvent, par la monoculture, souvent à vocation exportatrice, ou destinée à un marché bien ciblé. L'agro-business bénéficie d'un large soutien bancaire, utilise de larges surfaces agricoles, transformant ainsi de nombreux producteurs et productrices en main-d'œuvre saisonnière. En effet, l'agro-business crée peu d'emplois stables et entraîne un déplacement massif et

progressif des populations, créant ainsi des conflits sociaux parfois dramatiques.

69. Au Sénégal, le milieu rural est majoritairement tourné vers la production agricole, mais il comporte aussi de très nombreuses autres activités, très diversifiées, souvent conduites en complément de la production agricole au sein d'une même unité familiale et génératrices de revenus complémentaires. Il y a des activités de production en amont du secteur agricole (fabrication d'outils et de matériels), ou en aval (transformation des produits agricoles et alimentaires) ; des activités de service liées à l'agriculture (crédit, commercialisation, transport, stockage, santé animale, conseil agricole…) ; des activités de production artisanale (maçonnerie, mécanique, menuiserie, chaudronnerie, tissage, vannerie, couture, poterie, restauration…) ; des activités de services généraux (commerce, éducation, santé, administration…).

70. Le milieu rural se caractérise enfin par la très grande diversité de ses acteurs, principalement paysans, éleveurs, pêcheurs, forestiers tous producteurs et productrices agricoles ainsi que artisans, petits entrepreneurs, commerçants, métiers des services… et par leur hétérogénéité (hétérogénéité des structures d'exploitation et de production, des qualifications…).

71. L'agriculture doit être un moteur essentiel de l'activité économique et de l'emploi Au-delà son importance démographique, le secteur agricole est un moteur essentiel du développement économique au Sénégal. Il est également

la principale source de matières premières fournies au secteur industriel, le principal acheteur d'outils simples et utilisateur de services (transports, microcrédit).

72. Enfin, l'évolution de notre économie ne se fait pas aujourd'hui selon le schéma des pays développés : l'industrialisation y est faible, le développement des emplois salariés qualifiés, reste marginal. L'essentiel des activités économiques repose sur l'auto-emploi dans le secteur informel, notamment dans le secteur agricole. C'est donc largement le secteur agricole, et plus largement le milieu rural, qui accueille les nouvelles cohortes de jeunes à insérer sur les plans économique et social.

73. L'agriculture doit protéger les ressources naturelles et assurer un développement durable. Les sols s'appauvrissent, et l'on note une utilisation accrue des ressources naturelles, sans changement ou évolution des systèmes d'exploitation et modes de gestion. Il en a découlé un déboisement intensif, une surexploitation des sols et des parcours pastoraux générant une perte de la fertilité des sols, un appauvrissement de la biodiversité, des risques érosifs graves et une dégradation générale de l'environnement.

74. La surexploitation des sols et des parcours pastoraux, accentue les risques de désertification. Pour que l'agriculture puisse entraîner la croissance économique dans notre pays, il faudra que s'opère une révolution au niveau de la productivité des petites exploitations agricoles. Une telle révolution de la productivité peut difficilement s'envisager sans une élévation significative du niveau d'éducation et de

formation professionnelle des populations concernées. Une exigence d'augmentation de la productivité.

75. Pour éviter une progression constante des importations céréalières, à la fois coûteuses et concurrentielles des produits locaux, il faudrait que chaque producteur génère un surplus alimentaire de plus en plus important, exigeant de ce fait le développement de la productivité du travail. Par ailleurs, l'augmentation de la productivité du sol (produire davantage et de manière durable par unité de surface agricole utile) devient un enjeu majeur d'un point de vue aussi bien économique que social.

76. Dans un premier temps, les mouvements migratoires intra pays ont constitué un palliatif permettant d'occuper progressivement les zones exploitables et les moins densément peuplées, et d'apporter un complément de revenus par le canal de l'emploi. Cette alternative devient de plus en plus hypothétique, les terres agricoles disponibles se raréfiant. Faute d'augmentation de la productivité, les importations de produits alimentaires augmentent. Face aux besoins du Sénégal en devises pour assurer ses investissements, la relance des cultures d'exportation constitue également un enjeu stratégique majeur dans un contexte de mondialisation exacerbée. C'est tout l'enjeu de l'agro-business.

77. De fait, l'agriculture familiale et l'agro-business assurent de plus en plus difficilement leur mission, à savoir : nourrir les populations urbaines et rurales ; générer des ressources en devises par l'exportation ; protéger et améliorer

les ressources naturelles ; assurer à ses acteurs un niveau de vie décent ; conserver et accroître l'emploi et l'auto-emploi. Le phénomène de l'exode rural vers les villes, de même qu'une plus forte émigration vers les pays du Nord, ne cessent de s'accentuer. Le phénomène des migrants irréguliers a pendant ces dernières années pris une ampleur considérable et caractérise à lui tout seul le désespoir des jeunes ruraux comme indiqué précédemment.

78. Arachide, riz, mil, niébé, sorgho, manioc, pastèque, bissap, oignon, tomate, pomme de terre, mangue et coton sont des produits importants pour notre économie. Des investissements importants seront effectués pour développer les filières et approvisionner les marchés extérieur et intérieur et les industries agro-alimentaires.

79. Des aides publiques pour mettre à la disposition des acteurs des semences certifiées, d'engrais de qualité et une massive mécanisation vont accroître le potentiel de production et de productivité notamment pour la production de la tomate industrielle et la production de mangues pour lesquelles nous avons des avantages concurrentiels.

80. Pour l'oignon et la pomme de terre produits très prisés au Sénégal par exemple, le défi logistique ainsi que la programmation des récoltes devront être adaptés pour optimiser la production, le stockage, le transport et la distribution à différentes périodes de l'année afin d'éviter pénuries, ruptures intempestives et importations compensatrices. Le consommer local ne sera plus un simple slogan mais fondé sur une politique industrielle qualitative et

compétitive. Le marché continental de la Zone de Libre-échange Continentale Africaine (ZLECA) mis en place depuis peu, offre également un débouché massif pour notre industrie.

81. Par exemple, les industries de transformation de jus de fruits et boissons à base de produits locaux et dérivés de fruits et légumes ainsi que la nutrition infantile composée et les céréales pour bébés sont insuffisamment exploités dans notre pays alors que les importations de ces produits sont massives, coûteuses et créatrices d'emplois et de richesses ailleurs que chez nous.

82. Des produits naturels quasi absents sur les marchés extérieurs, comme le « màdd » de son nom scientifique saba senegalensis qui est un fruit riche en vitamines, de même que le « bouye » de son nom scientifique adansonia digitata, fruit du baobab facilement transformable en pulpe ou en poudre très apprécié par une catégorie de consommateurs japonais et le fonio céréale locale riche en vitamines et nutriments doivent être mieux exploités par les laboratoires pharmaceutiques et les industries agroalimentaires dans le cadre de l'innovation industrielle, de la recherche développement et du marketing afin de mettre sur le marché des produits industriels de consommation courante ou même des produits naturels voire biologiques ou diététiques pour certains segments de consommateurs.

83. Les politiques publiques industrielles doivent exploiter pleinement les résultats de la recherche. Par exemple, des publications pertinentes sont issues du bilan de

la recherche agricole et agroalimentaire au Sénégal, élaboré par l'Institut sénégalais de recherches agricoles (ISRA), l'Institut de Technologie Alimentaire (ITA), le Centre de Coopération Internationale en Recherche Agronomique et le Développement (CIRAD) et l'Institut de Recherche pour le Développement (IRD). Ces organisations ont élaboré un projet commun, qui vise à renforcer et à améliorer les systèmes d'information et de communication scientifique pour les adapter aux besoins nationaux et internationaux.

84. Leurs recherches sont une mine de connaissances de haute facture encore sous exploitée pour les acteurs du secteur public comme privé. Les résultats de leurs travaux en matière de sélection et amélioration variétales, de techniques culturales et de fertilisation et aussi de la protection phytosanitaire se présentent sous forme de connaissances, de technologies utilisables ou encore d'instruments qui facilitent la prise de décision. Ces résultats augmentent la productivité et la compétitivité des productions agricoles et horticoles.

85. Avec le programme Sénégal Entreprenant et Solidaire, programme volontariste et citoyen par excellence, les questions d'autosuffisance puis de sécurité alimentaire sont permanentes que cela soit à l'échelle des exploitations, des méga-régions ou de l'ensemble du pays.

86. Le constat à ce stade est que les observations, analyses, modèles réalisés à ces différentes échelles débouchent sur une impossibilité technique, économique, sociologique de l'autosuffisance et même des signes de dégradation de la sécurité sont notés.

87. Les politiques jusque-là menées sont élaborées dans une optique de production alors que les producteurs ruraux se comportent comme des consommateurs. La meilleure illustration est l'utilisation détournée des crédits du programme agricole pour subvenir aux besoins non liés à la production pour la simple raison que les besoins de base de la consommation ne sont pas garantis.

88. Par exemples, les brisures de riz importées de médiocre qualité sont préférées aux céréales traditionnelles qui sont réputées avoir une meilleure qualité nutritionnelle et organoleptique. Cependant la préférence nationale voire communautaire n'est pas encore une réalité sur le terrain des marchés surtout intérieur et communautaire. Les productions de céréales traditionnelles ne sont pas compétitives face à la politique d'importation massive de brisures de riz.

89. La principale culture de rente est l'arachide qui assure une bonne partie du revenu monétaire des paysans. Les semences et les engrais sont des défis permanents ainsi que le financement satisfaisant des acteurs. Pour la production arachidière, l'État s'est pratiquement désengagé dans la production d'intrants et d'engrais et les distributeurs privés sont faiblement impliqués car la demande est saisonnière et la demande effective assez faible.

90. De façon plus générale, les politiques en matière d'intrants et de matériels agricoles se focalisent sur l'offre alors que les principales contraintes se situent au niveau de la demande. Les engrais sont rarement disponibles à la

meilleure période, idem pour les semences même si nombre de producteurs assurent eux-mêmes leur auto-approvisionnement.

91. Concernant les engrais et divers intrants agricoles, outre la création d'industries nouvelles ayant une vocation communautaire pour répondre aux besoins des marchés, la participation de l'État et du secteur privé sénégalais dans le capital des Industries Chimiques du Sénégal (ICS) va être fortement consolidée pour en assurer le contrôle afin de tirer grand profit de nos ressources en phosphates et produits dérivés.

92. En effet, la production des engrais et de divers intrants devra contribuer à nous assurer une souveraineté alimentaire. À l'image du Nigéria, du Maroc ou du Brésil, le Sénégal pourra être exportateur d'engrais et d'intrants agricoles pour son propre compte et non au profit exclusif d'investisseurs étrangers.

93. Des cultures comme le riz, le niébé, la pastèque, le maïs, le coton, le sésame, le fonio et surtout le manioc contribuent également à augmenter les revenus.

D'autres produits (fruits, légumes, viande d'abattage, volaille, produits forestiers et dérivés) ainsi que des produits de l'agriculture biologique assurent des revenus relativement importants et constituent des activités secondaires dans lesquelles les paysans s'investissent de plus en plus pour diversifier leurs sources de revenus.

94. Toutes ces productions vont être relancées massivement pour accompagner l'industrialisation de notre économie en tirant les leçons utiles des obstacles et difficultés jusque-là source de blocage. Des ressources humaines qualifiées vont être mises à contribution pour développer les exploitations agricoles et les industries agroalimentaires. Notre pays doit devenir un territoire de production industrielle.

95. Des réajustements nécessaires vont s'opérer pour une mise en œuvre efficace de nos politiques publiques qui jusque-là se sont succédées sans cohérence et sans évaluation pertinente des programmes et projets antérieurs. Depuis plusieurs décennies, les slogans ont remplacé les programmes et de plans de développement agricole.

96. Le financement des activités agricoles notamment le système de crédit au monde rural, tant pour les crédits destinés à l'acquisition des intrants et équipements que pour la commercialisation des produits agricoles ou la transformation industrielle ou même artisanale est resté insuffisant et inadapté pour répondre aux besoins de notre économie.

97. Les critères d'accès au crédit sont difficiles voire inopérants. La porte d'accès au crédit se ferme presque toujours pour les plus démunis car les apports et garanties exigés sont des facteurs bloquants.

98. Le secteur informel offre aux paysans des alternatives très limitées face à l'ampleur et à la diversité des besoins.

Dans l'informel, le système de sécurisation des prêts et concours financiers divers repose plus sur la confiance que sur des garanties matérielles.

L'ÉLEVAGE, SOURCE D'APPROVISIONNEMENTS POUR LES INDUSTRIES AGRO-ALIMENTAIRES

99. L'élevage est un moteur de notre économie. Des investissements et des transformations profondes sont nécessaires pour que l'élevage joue pleinement son rôle dans la couverture des besoins des marchés intérieur et extérieur et dans la fourniture en quantité et en qualité des approvisionnements nécessaires aux industries agro-alimentaires en ce qui concerne les produits carnés et dérivés, les produits laitiers et dérivés, les cuirs et peaux, les moutons de tabaski et les produits frais et dérivés.

100. Les ressources animales et l'élevage vont être dynamisés pour approvisionner les industries du secteur et le marché du bétail. L'autosuffisance en moutons de Tabaski reste un objectif à notre portée et sera atteinte à moyen et long termes. Un cheptel diversifié et intégré dans les exploitations sera rigoureusement massifié. Tenant compte des besoins du marché et des zones géographiques, l'accent sera mis sur le

développement massif des ruminants, des bovins, des ovins, des caprins, des équins, des asins et des porcins. Les filières vont être réorganisées et professionnalisées, de même que les circuits de collecte, de transformation et de commercialisation du lait sur l'ensemble du territoire.

101. Bovins, ovins, caprins participent essentiellement à la production de viande avec une importance accrue des ovins, des caprins car les changements climatiques dans nos régions affectent considérablement les gros ruminants. Le rôle sociologique accordé au mouton amène le pays à importer massivement ce type de bétail des pays de notre sous-région, le Mali, la Mauritanie, le Burkina et le Niger. Notre élevage doit répondre aux besoins du marché des animaux vivants qui reste en constante progression car durant les fêtes religieuses, les baptêmes, les mariages, les funérailles, les retours de pèlerinage et cérémonies diverses, un volume important de moutons est acheté au niveau intérieur comme dans la sous-région.

102. L'élevage porcin est surtout développé au sein de petites exploitations familiales dans les régions du sud et du centre. Le porc joue un rôle important chez les chrétiens et animistes. Il procure des revenus aux familles et fournit des protéines animales essentielles à l'alimentation. La transformation est restée très artisanale et porte sur de faibles volumes.

103. Un accompagnement des acteurs sous forme d'aides publiques, porté par les conseils territoriaux et les ministères en charge de l'élevage et de l'industrialisation est prévu afin

de soutenir les transformations industrielles ou artisanales. Doit être promue, la fabrication de conserves de viande porcine et de produits dérivés (charcuterie à base de viande de porc, salaisons, pâtés, saucissons, jambons cuits, rillettes, boudins, andouilles, etc.) pour approvisionner le marché intérieur, réduire les volumes importés et profiter des segments potentiels des marchés voisins et extérieurs.

104. Des solutions techniques vont être apportées aux problèmes récurrents auxquels les éleveurs, le cheptel et les acteurs sont confrontés. Dans les méga-régions ayant un environnement agro écologique favorable, des surfaces importantes de terres vont servir aux cultures fourragères pour faire face aux sécheresses imprévisibles, aux feux de brousse destructeurs des pâturages et du tissu herbacé, à l'inefficacité ou l'insuffisance des pare-feu, toutes choses qui ne favorisent pas toujours la reconstitution annuelle des pâturages qui fournissent l'essentiel des besoins fourragers.

105. Sur le plan foncier, une adaptation de la loi permettra de faire face à la réduction des espaces. Le foncier constitue aussi une limite à la mobilité des troupeaux et l'adoption des systèmes mixtes alliant agriculture et élevage pour compenser la réduction de l'espace n'est pas toujours satisfaisante.

106. L'état nutritionnel du bétail détermine la productivité des troupeaux sahéliens. Il constitue l'un des marqueurs qui limitent les performances zootechniques du cheptel et l'une des causes principales de mortalité des animaux. Les ressources alimentaires explorées et prometteuses vont être

développées avec l'appui du gouvernement et des conseils territoriaux. Il s'agit de pâturages naturels de différentes zones géographiques du pays, de résidus de récolte et sous-produits agro-industriels, de céréales locales, de ligneux fourragers, de fourrages cultivés, de ressources minérales et de farines animales. Le panicum, herbe très riche en protéines sera cultivé pour engraisser naturellement les taurillons. Des entreprises locales seront accompagnées dans la production, la récolte des espèces appétées et la conservation des ressources fourragères ainsi que la supplémentation surtout en saison sèche pour réduire les mortalités et accroître la productivité.

107. Avec l'appui des conseils territoriaux, des collèges préfectoraux et du gouvernement, des mesures correctrices favorables aux systèmes d'élevage existants vont être apportées au régime foncier du domaine national et au retard dans la mise en application du décret sur la loi d'orientation agrosylvopastorale. Les facteurs de dégradation des parcours naturels seront mieux maîtrisés.

108. La lutte contre le péril acridien, fréquent en zone pastorale, sera intensifiée pour préserver la qualité des fourrages et protéger la biomasse produite. La prévalence des feux, considérés à tort ou à raison par certains agro-éleveurs et éleveurs, comme un moyen de lutte contre les parasites en zone agrosylvopastorale, constitue un obstacle à la planification et au suivi des pâturages naturels.

109. Des réponses adéquates sur le plan des infrastructures et sur le plan des mesures facilitant

l'application des sanctions prévues dans la loi seront mises en pratique pour lutter efficacement contre l'aggravation du phénomène des vols de bétail, fléau bien connu dans presque toutes les localités du Sénégal.

110. Des investissements significatifs vont être effectués au niveau des zones ciblées pour exploiter rationnellement les pâturages disponibles, dynamiser les activités des acteurs de l'élevage et moderniser les équipements.

111. Augmenter et mieux répartir les infrastructures hydrauliques (l'eau est le facteur le plus déterminant des mouvements des troupeaux), combler durablement les lacunes de la maintenance, assurer la couverture des besoins en électricité dans l'équipement et le fonctionnement des forages pastoraux, moderniser et augmenter les parcs à vaccination, mettre aux normes et augmenter les abattoirs, consolider les moyens logistiques de transport et de réfrigération normée de la viande et du lait, seront des actions immédiatement entreprises pour réduire les disfonctionnements, corriger les disparités et lever les obstacles au développement de l'élevage.

AUGMENTER LA PRODUCTION DE LAIT ET LANCER UNE VÉRITABLE INDUSTRIE LAITIÈRE

112. Pour réduire fortement les importations de lait et produits laitiers et dérivés, nous proposons des investissements industriels importants et la modernisation de la filière lait pour promouvoir la production laitière car le lait et les produits laitiers sont des composantes fondamentales dans notre alimentation. Ces produits contribuent également à accroître les revenus des populations pastorales et entrepreneurs du secteur de l'élevage.

113. Le marché du lait et des produits laitiers est en augmentation croissante au Sénégal et dans le marché communautaire. La production locale est loin de couvrir les besoins du marché intérieur et les importations de poudre de lait et divers produits laitiers compensent le déficit.

114. Les entrepreneurs de la filière doivent être correctement accompagnés par des financements adéquats, des programmes de formation et une volonté politique

affichée afin de booster la production intensive de lait et la mise sur orbite d'unités industrielles compétitives capables de répondre aux besoins du marché intérieur et à long terme de gagner des parts des marchés communautaire et continental.

115. Des vaches indo-pakistanaises, aux vaches françaises ou anglo-normandes en passant par les vaches brésiliennes, notre pays a déjà expérimenté leur utilisation pure ou les croisements avec les races locales pour faire évoluer notre cheptel sur le plan génétique. Nous devons poursuivre la diversification des races laitières avec l'introduction de nouvelles races autres que Jersiaise, Holstein et Girolando qui seront plus performantes que les races locales.

116. Des allocations budgétaires conséquentes seront affectées à nos Instituts de recherches, aux laboratoires publics comme privés, aux universités et écoles spécialisées pour consolider les études, recherches et innovations pour gagner le défi de la qualité, des performances et des volumes permettant d'approvisionner correctement les unités de transformation et industries laitières sénégalaises avec un objectif affirmé de rendre à terme le lait local plus compétitif que le lait importé.

117. Toutes les exploitations doivent être répertoriées et analysées en termes de forces, faiblesses, opportunités et contraintes. Un accompagnement spécifique sera apporté du point de vue des ressources humaines, financières et techniques pour d'une part lever les obstacles à la production et à la commercialisation et d'autre part pour appliquer les

techniques éprouvées de gestion des vaches, comme les étables fumières-laitières qui facilitent la complémentation alimentaire, les soins sanitaires et même la stabulation.

118. Ces aspects techniques vont améliorer le potentiel de production des bêtes. Sera ainsi facilitée, la production massive de lait et de produits laitiers en toutes saisons, notamment pendant la saison sèche avec des unités de transformation artisanales ou modernisées et des circuits optimisés de collecte, de stockage et de distribution dans les différentes zones agro-écologiques d'activités.

119. L'industrie de la viande et des produits carnés et dérivés bénéficiera d'investissements importants compte tenu de la l'accroissement soutenu des marchés. Même si la consommation de viande et lait par habitant a tendance à baisser, le volume global de consommation augmente du fait de l'augmentation démographique et de la forte demande de ces produits dans les centres urbains.

DÉVELOPPER L'INDUSTRIE DE LA VIANDE ET DES PRODUITS DÉRIVÉS

120. Des ressources publiques vont être mobilisées par l'État, les Conseils territoriaux, le secteur privé, les organisations paysannes et les nouvelles coopératives pour développer la filière, exploiter les potentialités en matière de production de viande, de lait et produits dérivés, avec des mesures de sécurisation du bétail notamment la maîtrise du parcours et la reproduction des grands fauves voire leur éloignement, la lutte contre les épizooties, ainsi que la protection contre le vol de bétail, en vue d'accroître la productivité numérique et pondérale du cheptel.

121. Des infrastructures et équipements modernes vont être installés et des espaces de repli beaucoup plus vastes que le ranch de Dolly, seront aménagés dans les trois méga-régions du Grand Nord, du Grand Centre et du Grand Sud pour le déploiement des activités agro-industrielles et activités connexes dans les trois premières années de la mise

en route du programme car le développement de l'économie réelle reste une priorité du Sénégal entreprenant et solidaire.

122. Des unités de transformation, des abattoirs aux normes en matière d'hygiène et de sécurité et des entrepôts réfrigérés ainsi qu'une logistique adéquate notamment au niveau des transports, seront aussi massivement déployés dans les centres urbains pour que les gains de productivité, les économies d'échelles et l'optimisation des coûts accroissent la compétitivité des entreprises industrielles et artisanales.

PROFESSIONNALISER LE COMMERCE. MODERNISER LA DISTRIBUTION. DÉVELOPPER L'ARTISANAT ET PRÉSERVER LES ARTISANS.

123. Le commerce en général, la distribution de produits et services, relatifs aux produits agricoles, agroalimentaires et dérivés seront adaptés à la dynamique de l'industrialisation de notre économie. Des mesures économiques et institutionnelles spécifiques seront prises pour faire évoluer la forte emprise du secteur informel dans les filières vers une modernisation et une formalisation profitables aux opérateurs de l'informel qui sont des acteurs économiques de premier plan car créateurs de richesses et d'emplois.

124. Les conseils municipaux, les conseils territoriaux, le collège préfectoral et les ministères concernés, ensemble, vont aménager de manière consensuelle des espaces publics et privés avec des infrastructures et des équipements et matériels fonctionnels adaptés aux différentes activités pour le bon déroulement des activités commerciales, dans le

respect de l'environnement, du développement durable et du plan d'aménagement du territoire mis en place.

125. Par exemple, au moment des fêtes de Tabaski ou de Korité dans une moindre mesure, les ventes de moutons sont massives, dans toutes les localités. Les circuits de distribution, des zones de production aux points de vente et de consommation seront mieux organisés et professionnalisés.

126. Les foirails, les points de convergence, les marchés de regroupements et les points terminaux de vente du circuit vif, seront répertoriés, structurés, aménagés et équipés pour gagner en rationalité économique au profit des acteurs et des consommateurs. La désorganisation empreinte de laisser-aller est coûteuse pour notre économie et ne procure pas un environnement propice aux transactions commerciales en toute sécurité.

127. Des mesures énergiques seront vite apportées par les acteurs économiques, les conseils municipaux, territoriaux et l'administration (notamment les services vétérinaires) en ce qui concerne les abattages pour l'autoconsommation et la structuration et la gestion des abattoirs pour l'approvisionnement des marchés de consommation et des points de vente et la lutte contre les abattages et abattoirs clandestins qui prolifèrent.

128. Concernant la gouvernance et le développement du commerce, de la distribution et de l'artisanat dans ce contexte d'industrialisation et de modernisation de notre économie les mesures suivantes seront appliquées :

- Immatriculer toutes les entreprises artisanales, individuelles ou collectives, en procédant dans une première phase au ciblage de sept filières pilotes : textile, cuir, bois, métal et services de réparation (mécanique automobile), agro-alimentaire, bâtiment et travaux publics.
- Élargir les missions des chambres des métiers et renforcer les moyens mis à leur disposition, en vue de l'établissement de contrats d'objectifs plus structurants avec les organisations professionnelles d'artisanat afin de renforcer les capacités techniques et entrepreneuriales des artisans, de faciliter l'accessibilité à des sites aménagés et sécurisés, d'accompagner le processus de renouvellement des équipements des unités artisanales et le renforcement de la mise en synergie des acteurs des filières.
- Adopter de nouvelles mesures pour plus d'accessibilité aux financements et orienter la commande publique pour venir en appui au secteur de l'artisanat et du petit commerce.
- Instituer une nouvelle politique en matière d'amélioration de la qualité, de labellisation des produits artisanaux et de commercialisation des produits artisanaux. Un Salon de grande envergure (plus important et mieux organisé que la FIARA) de produits certifiés Made in Sénégal sera créé à compter de 2024 pour développer le consommer local et soutenir le pouvoir d'achat et contribuer ainsi à la richesse de notre économie. Consommons nos produits pour

retrouver une meilleure qualité de vie ne sera plus un simple slogan.

- Réaliser un programme de construction de nouveaux centres artisanaux impliquant les conseils territoriaux et les conseils municipaux.
- Moderniser et équiper les sites artisanaux pour standardiser les procédés de production et professionnaliser les métiers afin de promouvoir et de développer l'artisanat d'entreprises exportatrices. L'offre actuelle ne permet pas de développer un véritable marché de produits artisanaux tourné vers l'exportation car ne répondant pas aux normes et exigences en matière de qualité.
- Systématiser la certification des produits pour stimuler la culture de la qualité sur tout le processus d'approvisionnement, de production, de distribution, de vente et de suivi des marchés, des clients et des partenaires.
- Renforcer les dispositifs d'accompagnement des processus d'évolution des unités artisanales en micro ou très petites ou moyennes entreprises.
- Créer un centre national des métiers et multiplier les centres d'incubation.
- Créer une tannerie nationale et moderniser la collecte de matières brutes de tannerie dans chaque abattoir.

- Améliorer les plans de formation au sein des ateliers et les relations entre les maîtres artisans et les apprentis, avec l'usage de l'approche par les compétences, car le mode de transmission du savoir dans le secteur de l'artisanat reste traditionnel et les enseignements dispensés dans la formation professionnelle restent inaccessibles à la plupart des artisans.
- Actualiser les métiers porteurs et les intégrer au répertoire opérationnel des métiers et emplois au Sénégal (ROME).
- Renforcer les compétences et les habiletés des acteurs du secteur de l'artisanat, notamment en matière de soumission aux marchés publics.
- Mettre en place une commission nationale intersectorielle pour la commande publique et des facilités en matière de prêts à des taux préférentiels (financements, modalités de décaissement, assurances), afin d'assurer un accompagnement des artisans pour une production de qualité, en quantité et dans les délais prescrits.
- Développer un marché de sous-traitance pour le secteur industriel en développant, autour des unités industrielles existantes, une véritable politique de promotion de la sous-traitance.
- Promouvoir l'artisanat d'art avec la création de boutiques de références pour la commercialisation des produits artisanaux, notamment au niveau des sites touristiques.
- Ouvrir des showrooms ou salles d'exposition des produits artisanaux, à l'étranger, dans les ambassades et services

consulaires du Sénégal, en privilégiant les produits du sous-secteur de l'art.

- Faciliter l'accès à la protection sociale et la prévoyance (maladie, accident, retraite, décès), des acteurs du secteur de l'artisanat et du petit commerce.

L'AVICULTURE, UN POTENTIEL INDUSTRIEL À CONSOLIDER

129. La filière avicole dispose d'un potentiel non exploité compte tenu des besoins en constante augmentation des marchés intérieur et sous-régional. Les besoins en poulets, canards, pigeons, pintades, dindons sont réels et croissent sans cesse. Des entreprises de la filière avicole doivent être accompagnées sur les plans financier, technique et marketing pour fournir à la population des viandes et œufs de bonne qualité et à des prix intéressants.

130. L'aviculture est pratiquée par la plupart des membres des exploitations familiales. Au niveau de ces petites exploitations, des revenus substantiels sont tirés de cet élevage. Cette activité facilite la constitution d'une épargne et permet de faire face à certaines dépenses telles que les frais de santé et de scolarité durant la période de soudure. L'aviculture familiale sera préservée et protégée au niveau des territoires par les organes chargés de ces activités en

complément des avantages et subventions octroyés au niveau de l'État.

131. Le cheptel des volailles, la production d'œufs et les volumes de consommation de ces catégories de produits augmentent fortement ces dernières années. Cette production semble être relativement épargnée par rapport à la concurrence internationale car il n'y a pas d'importations significatives d'œufs de consommation (le Sénégal exporte même des œufs vers la sous-région), même si l'importation de viande de poulet reste importante et constante.

132. Les principaux obstacles au développement de l'aviculture semi-industrielle sont liés d'abord au faible niveau des investissements financiers, ensuite, à la composition des aliments de volaille qui détermine le niveau de performances et la rentabilité des élevages et enfin à la vétusté et au manque de matériels et équipements sans oublier l'insuffisance et l'inadéquation des formations des acteurs.

133. Des programmes de formation des aviculteurs doivent être consolidés et amplifiés dans les domaines suivants : contrôle et suivi des maladies, conception et construction de poulaillers adaptés, conduite et gestion des volailles, composition des aliments, amélioration génétique, distribution, marketing et vente.

134. Les ressources locales disponibles doivent être utilisées dans la formulation des aliments et dans la construction des poulaillers. Un contrôle strict des produits

avicoles importés et un suivi régulier des évolutions du marché afin de mieux protéger les entrepreneurs locaux doivent être effectués.

135. La protection médico-sanitaire et la vaccination des volailles seront systématisées. Des acteurs formés et des professionnels vont être accompagnés dans la gestion socio-économique des fermes avicoles pour une meilleure prise en charge des procédés industriels et un suivi efficace des indicateurs de performances (qualité, coût, qualité des approvisionnements, aliments composés et marketing vente etc.).

DÉVELOPPER LA TANNERIE ET LES INDUSTRIES DES CUIRS ET PEAUX

136. Les cuirs et peaux seront exploités pour approvisionner les marchés extérieur et intérieur. Un label Sénégal sera mis en place pour accompagner la transformation industrielle et artisanale des cuirs et peaux et la fabrication de produits compétitifs (chaussures et accessoires) répondant aux exigences du marché international dominé par les États-Unis, l'Australie et la France mais qui a encore du potentiel notamment dans les segments du luxe et de la grande distribution au niveau de nombreux autres pays.

137. Pour mettre en pratique le pilier industrialisation contenu dans le programme Sénégal Entreprenant et Solidaire, des mesures générales et opérationnelles spécifiques qui corrigent et adaptent l'existant à la stratégie de l'industrialisation doivent être prises.

DES MESURES INSTITUTIONNELLES POUR ACCOMPAGNER L'INDUSTRIALISATION AGRO-ALIMENTAIRE

138. Par exemple, sur la question foncière récurrente en milieu rural, mettre en pratique une véritable politique cohérente et consensuelle d'aménagement du territoire et de revue du foncier, exploiter la cartographie existante et établir le plus tôt possible un cadastre rural. Les terres agricoles doivent être identifiées *via* le cadastre rural et leur titrisation est une nécessité absolue.

139. En ce qui concerne la mise à disposition des terres au profit des Investisseurs dans le cadre de l'agro-business, déterminer la contrepartie en termes de participation dans le capital des sociétés, au profit de l'État, des conseils territoriaux (assemblée d'élus représentative des populations) et des producteurs.

140. Le système d'allocation des terres doit être rapidement codifié et des garanties suffisantes doivent être données aux investisseurs qui doivent s'engager à faire entrer l'État et le Conseil territorial dans le capital de leurs sociétés,

à hauteur d'un taux à fixer. Les intérêts des populations de ces zones d'investissement doivent être également préservés et garantis par le biais du conseil territorial.

141. Faire un ciblage en ce qui concerne les subventions agricoles pour une plus grande efficacité dans l'atteinte des segments visés et promouvoir un financement rural adapté et accessible aux différents modèles de production.

142. Identifier les bonnes pratiques en matière d'agriculture et les étendre à l'échelle nationale. Par exemple, pour le maïs et le riz, des expériences réussies ont été menées avec le concours des partenaires techniques et financiers.

143. Face aux multiples contraintes liées à la péjoration des facteurs climatiques, à l'accès aux facteurs de production, mais aussi à la faiblesse des performances techniques, des efforts d'intensification et de modernisation doivent être déployés pour booster la productivité et générer des revenus subséquents.

144. Soutenir encore plus la recherche agricole et agro-alimentaire en termes de moyens financiers, afin de lui permettre d'être plus performante.

145. Redynamiser les centres de formation agricole existants, en créer d'autres pour former des hommes de terrain, véritables entrepreneurs agricoles maîtrisant les chaînes de valeur et capables de produire pour le marché local et pour les marchés étrangers.

146. Sélectionner et structurer les principales filières agricoles porteuses et capitaliser une véritable connaissance afin d'en faire des supports du développement économique

et social en exploitant de façon concrète les avantages comparatifs (climat favorable, sols adaptés à la culture céréalière et à l'horticulture, une situation hydraulique et géographique favorable, etc.) dont dispose le Sénégal en matière d'agriculture.

147. Évaluer et repenser notre coopération avec les Pays comme le Brésil, l'Afrique du Sud et surtout l'Inde, dans une optique de partenariat en mettant plus l'accent sur l'appropriation de la technologie que sur le commerce.

148. Sur la dimension culturelle de l'agriculture familiale, qu'il est important de préserver, recenser de manière exhaustive tous les outils, instruments et matériels utilisés depuis 1960 afin de connaître l'histoire et l'évolution des matériels, des procédés et des savoirs de l'agriculture familiale et constituer un patrimoine culturel support d'un tourisme rural à promouvoir.

149. Instaurer une large concertation entre les différents acteurs du monde rural dans la définition et la mise en œuvre des politiques agricoles.

150. Promouvoir les aménagements hydro-agricoles et la petite irrigation pour une meilleure maîtrise de l'eau dans le cadre des domaines agricoles communautaires qu'il convient d'intensifier en vue de booster l'emploi des jeunes en milieu rural.

151. Veiller à la qualité et à la sûreté des semences et engrais en privilégiant les produits non génétiquement modifiés et en développant le stock de semences et explorer

également les filières agroécologiques qui garantissent une agriculture propre et durable et à forte valeur ajoutée.

152. Favoriser l'implantation de centres d'artisans locaux (regroupés en sociétés, GIE ou en coopératives), en rapport avec les chambres des métiers d'artisans spécialisés dans la réparation, l'entretien et la restauration de matériels agricoles.

153. Développer des lignes de produits dites ethniques pour promouvoir les exportations en réglant le problème de normalisation.

154. Veiller à la reproduction des ressources rares, notamment dans le secteur de la pêche.

155. Renforcer le programme de lutte contre la salinisation des terres.

156. Favoriser la transition de l'utilisation d'outils traditionnels vers les outils modernes de production.

157. Inciter le secteur privé à investir dans la modernisation de l'agriculture à travers des investissements structurants et significatifs.

158. Promouvoir une dynamique industrielle dans les secteurs suivants : engrais, semences, riz, fruits et légumes et dérivés, produits laitiers et dérivés, produits carnés et dérivés, produits de la mer et dérivés, aliments de bétail, santé animale notamment dans le segment des vaccins, petite machinerie agricole.

159. Valoriser les 15000 ha de l'ANAMBE, en profitant au maximum des investissements existants et en redéfinissant

les missions de la SODAGRI qui doit être mise à niveau pour être performante.

160. Intégrer dans les conseils d'administration de l'ISRA et de l'ITA, des représentants des catégories socioprofessionnelles suivantes : éleveurs, pêcheurs, agriculteurs.

161. Le statut institutionnel de l'ISRA et de l'ITA doit évoluer pour leur permettre de participer dans les dynamiques industrielles, en participant à leurs études, recherches, innovations et développement en contrepartie de participations significatives dans le capital de ces entreprises industrielles et commerciales.

162. Tirer le plus grand profit de l'agriculture sénégalaise en vue de la stratégie d'industrialisation à travers l'agro-industrie notamment et de la préservation de l'agriculture familiale, exige des cadres appropriés de planification du développement et des politiques agricoles efficaces. De nombreux pays africains ont su tirer grand profit de leur agriculture. À titre d'exemple, le Kenya s'est modernisé avec ses sociétés de production de légumes et de fleurs, l'Afrique du Sud, l'Égypte, l'Éthiopie, le Ghana, le Nigéria et la Zambie sont de bons exemples chacun en ce qui le concerne dans l'exploitation au mieux des produits agro-industriels (oléagineux, céréales, café, cacao, fruits et légumes, coton, cuir, huile).

UNE INDUSTRIE COMPÉTITIVE ET CRÉATRICE D'EMPLOIS DANS LE SECTEUR DE LA PÊCHE ACTUELLEMENT EN CRISE

163. Le programme Sénégal Entreprenant et Solidaire considère le secteur de la pêche comme un levier essentiel de l'industrialisation de notre pays pour faire à la crise. En effet le secteur de la pêche est confronté à la raréfaction et au déclin global des ressources dus à la surexploitation et l'expansion incontrôlée des capacités de pêche.

164. Les ressources publiques seront mobilisées pour promouvoir les produits de la mer et produits dérivés au profit d'entreprises sénégalaises. Des mesures seront prises pour freiner la surexploitation des ressources démersales côtières qui représentent l'essentiel des exportations de notre pays. Les volumes débarqués dépassent les quantités de production supportables notamment pour les espèces suivantes : thiof, rouget, petit capitaine, mâchoirons, dentés et poulpe.

165. Dans le secteur moderne, les entreprises sénégalaises qui opèrent dans la transformation industrielle, le filetage, la réfrigération, la congélation et la conserverie vont recevoir des aides publiques en contrepartie de leur regroupement et restructuration afin de consolider leurs parts de marché et d'augmenter leur niveau de compétitivité.

166. Des aides publiques vont accompagner les acteurs de la transformation artisanale des produits halieutiques pour lutter contre l'anarchie grandissante dans le secteur informel, principal obstacle à leur développement. Les produits issus de la transformation artisanale sont très prisés sur le marché intérieur et dans des pays comme la Guinée, le Burkina, le Mali. Il s'agit de produits fermentés séchés (guedj et yeet), de clupéidés braisés (keccax) ou fumés (métorah) de poisson fermenté entier (tambadiang) ou le salé-séché (sali) qui sont exportés dans quelques pays de la sous-région et en Afrique centrale dans une moindre mesure. C'est dire qu'il y a un énorme potentiel lié aux nouveaux débouchés à l'exportation.

167. Pour ces catégories de produits, un label Sénégal doit être promu et la production à grande échelle doit être encouragée par des mesures facilitant l'accès aux marchés tant africains qu'extérieurs au continent par des entreprises dont le capital est détenu en majorité par des investisseurs publics ou privés sénégalais. L'État ne sera plus désengagé dans le secteur de la pêche et des subventions vont accompagner la consolidation de nos entreprises.

168. Des mesures d'interdiction vont être prises pour lutter contre l'utilisation d'engins de pêche de maillage à

faible taille, d'explosifs qui dégradent l'environnement marin déjà fragilisé par une surexploitation non maîtrisée.

169. Des sennes tournantes de grande capacité (10 à 20 tonnes environ) augmentent les capacités des unités de pêche et les méventes sont souvent constatées dans les centres de pêche les plus importants du pays. Des moyens adéquats vont être déployés pour combler le déficit d'infrastructures de conservation et de stockage du poisson.

170. En ce qui concerne la gouvernance du secteur, notre pays va engager une renégociation de tous les accords de pêche notamment en termes de droits d'accès à nos ressources halieutiques pour les navires étrangers et de compensation pour l'accès aux ressources. Également, les procédures de délivrance des licences de pêche vont être rigoureusement évaluées et adaptées au contexte de notre stratégie d'industrialisation. Les textes de loi sur la pêche continentale et le code de pêche maritime vont évoluer afin de s'adapter à la politique d'industrialisation et de création d'emplois dans notre pays.

171. Concernant la pêche maritime, la modernisation et la mise aux normes des quais de pêche seront effectuées dans les lieux de production ainsi que l'aménagement des aires distinctes adaptées aux différentes activités de commercialisation, de conservation, de transformation, de réparation des filets et des embarcations, de stationnement des véhicules et chargement des produits de la pêche. Les plans d'aménagement des pêcheries des espèces pélagiques

et démersales vont être mis en pratique en vue de préserver les ressources halieutiques.

172. Concernant la pêche industrielle, les procédures seront évaluées et encadrées notamment en ce qui concerne l'autorisation de flottes étrangères à pêcher dans la zone économique exclusive du Sénégal. Des ressources publiques et privées seront mobilisées pour accompagner les entreprises sénégalaises qui se déploient dans la pêche chalutière avec les chalutiers crevettiers et les chalutiers poissonniers, la pêche sardinière, la pêche thonière et la pêche sportive (dépendante en partie du secteur touristique).

173. Des mesures correctrices seront apportées pour inverser la forte domination des entreprises étrangères ou « maquillées » sénégalaises, donc sous pavillon Sénégal alors que le capital est détenu majoritairement par des étrangers. Cette intégration déguisée de chalutiers étrangers dans notre flottille nationale n'apporte pas de réelle plus-value économique pour notre pays.

174. Notre pays prendra des mesures fortes pour lutter contre la surexploitation effective de la pêche industrielle étrangère notamment la pêche pélagique hauturière avec des navires étrangers qui exploitent les ressources pélagiques hauturières de la zone économique exclusive sénégalaise.

175. Par exemple, les accords de pêche seront renégociés avant leur renouvellement ou prolongation en fonction de la spécialisation des navires et de l'effort de pêche effectif que ces navires déploient dans les eaux sénégalaises car les

ressources côtières se raréfient et les chalutiers sénégalais, les crevettiers profonds et les thoniers canneurs voient leur rendement en baisse.

176. De même, des ressources importantes vont être mobilisées pour renforcer le système national de surveillance afin de contrer les nombreux chalutiers pirates qui pillent aisément les eaux sénégalaises et lutter efficacement contre la pêche illicite, non déclarée, non réglementée. Cette pêche illégale est un fléau qui détruit les écosystèmes et surexploite les stocks halieutiques.

177. Des aides publiques vont être données aux entreprises sénégalaises du secteur de la pêche, grandes, moyennes, petites ou artisanales, pour les accompagner sur les plans financier, technique, humain et institutionnel en vue de moderniser l'appareil de production et de distribution des produits bruts et transformés dans le but d'accroître les parts de marché et le niveau de compétitivité des entreprises sénégalaises.

178. Des ressources publiques vont être mobilisées par l'État, les conseils territoriaux et les entreprises aquacoles pour développer l'aquaculture qui nous permettra d'accéder à de nouveaux débouchés et de compenser la rareté de certaines ressources et la baisse des captures, compte tenu de l'évolution croissante des besoins des marchés intérieur, communautaire et international.

179. Sera mis en œuvre un programme national de formation et de perfectionnement au profit des professionnels de la pêche (pêcheurs, mareyeurs, transformateurs et distributeurs) en privilégiant les thèmes sur la gestion des ressources halieutiques, la pratique de la pêche responsable et durable, la sécurité des pêcheurs, l'hygiène et la qualité des produits au stade de la production, de la manutention, de la transformation et de la commercialisation.

180. Seront mis en place, un centre d'expérimentation et de valorisation des produits halieutiques, un laboratoire national de la pêche et de l'aquaculture intégrant une unité de contrôle de la qualité des produits halieutiques, et une structure nationale de formation et de recherche de niveau supérieur répondant aux standards internationaux.

181. Des aides publiques seront destinées à la pêche artisanale pour accompagner les acteurs à se regrouper en sociétés formelles structurées disposant de ressources financières, humaines et techniques consolidées afin de faciliter l'acquisition de moyens modernes permettant d'améliorer toutes les étapes de la chaîne de valeur (chalutiers, pirogues en fibre de verre, à coque rigide et insubmersibles, respect de la chaîne de froid, conditions de transport, etc.).

182. La pêche thonière par exemple sera mieux contrôlée et les armements étrangers bénéficiant d'une licence de pêche dans nos eaux territoriales seront obligés de débarquer un

volume prédéfini des prises pour alimenter les industries sénégalaises.

183. Pour la pêche continentale, des mesures administratives, économiques et techniques seront prises pour empoissonner les eaux continentales en espèces à haute valeur ajoutée afin de permettre à la pêche continentale d'approvisionner correctement les familles et de procurer des revenus substantiels.

184. L'État, les conseils territoriaux, les conseils municipaux et les acteurs vont mobiliser des ressources pour développer l'aquaculture dans les localités ciblées. Les investissements porteront sur les infrastructures pour l'aquaculture continentale ainsi que le développement des aires marines protégées et la création de périmètres d'aquaculture marine le long du littoral atlantique et des bras de mer en tenant compte du changement climatique et de ses impacts sur les ressources.

PÉTROLE, GAZ ET PRODUITS MINIERS, UN NOUVEAU STATUT INDUSTRIEL POUR NOTRE PAYS

185. Des réformes vont être engagées pour accompagner la transformation industrielle des hydrocarbures et des produits miniers et le développement d'industries sénégalaises pour tirer un meilleur profit de l'exploitation des importants gisements d'hydrocarbures et de ressources minérales découverts au Sénégal, en termes de contributions dans les recettes de l'État et de contributions dans la création d'emplois durables.

186. En plus des importantes réserves de pétrole et de gaz offshore, au large des côtes sénégalaises, qui placent notre pays dans les sept premiers au monde en termes de disponibilité de ressources gazières, notre sous-sol renferme des réserves importantes de métaux de base (or, fer, cuivre, zinc). Nous disposons aussi de réserves de matériaux de construction (basalte, calcaire, argile, sable, grès, coquillages, silex) et de réserves de pierres ornementales (marbre, granite,

serpentinite) et d'autres substances minérales (zircon, phosphates, manganèse, étain, uranium).

187. En octroyant une partie de nos ressources naturelles « donc de nous-mêmes », nous réclamons une partie de leurs ressources en capital et en dividendes « donc d'eux-mêmes ». En conséquence, en contrepartie des blocs et superficies octroyés et exploités, objet de contrats de recherche et de partage de production, en cours ou à venir, le niveau de participation de l'État du Sénégal dans le capital des multinationales intervenant dans notre pays va considérablement être revu à la hausse et pour les sociétés industrielles de droit sénégalais, la participation dans le capital sera plus soutenue pour bénéficier de parts plus importantes dans les profits dégagés.

188. Et d'un point de vue stratégique, nous serons informés au quotidien des perspectives du secteur, des activités de nos partenaires multinationales ou entreprises partout dans le monde et de leurs projets.

189. Sur le plan de la gouvernance, la législation du secteur des hydrocarbures et des ressources minérales sera améliorée. Un texte unique portant loi d'orientation du secteur des hydrocarbures et des ressources minérales sera élaboré. Il regroupera l'ensemble des dispositions pertinentes présentement éparpillées dans plusieurs textes (Code pétrolier, Code minier, Code de la Marine marchande, Code de l'Environnement, Code Général des Collectivités locales, Code Général des Impôts, Code douanier, etc.).

190. Seront également contenues dans la loi d'orientation, les prescriptions issues de conventions internationales auxquelles le Sénégal a adhéré, notamment, celles sur la transparence et la protection de l'environnement, les conditions d'exploitation rationnelle des réserves d'hydrocarbures et de ressources minérales, le contrôle citoyen par l'implication et l'intégration de représentants de la société civile à toutes les étapes des processus et principales instances de décisions, les nécessaires engagements et obligations des compagnies pétrolières et minières en matière de « local content » ou contenu local, pour que toutes les communautés et toutes les catégories et acteurs socioprofessionnels puissent bénéficier des effets induits par l'exploitation des hydrocarbures et des ressources minérales.

191. En ce qui concerne l'utilisation et la répartition des ressources générées par les hydrocarbures et les ressources minérales, sera élaborée une loi fixant les modalités de perception et d'utilisation des revenus qui définit clairement les mécanismes de collecte, d'affectation, de répartition et de publication de l'ensemble des revenus générés par le pétrole, le gaz et les produits miniers, en respectant trois rubriques principales de dépenses : premièrement une quote-part affectée aux dépenses budgétaires de l'État ; deuxièmement, une quote-part affectée aux dépenses budgétaires des Collectivités territoriales et troisièmement, une quote-part affectée au fonds souverain pour les générations futures.

192. En pratique, les modalités de détermination de chaque part pourraient être fixées de manière permanente par la loi (avec possibilité de révision périodique), ou être fixées chaque année en fonction des montants recouvrés et des priorités.

193. Par exemple, la part affectée au Budget de l'État pourrait servir en partie à la couverture des dépenses de fonctionnement et d'entretien des structures sanitaires, scolaires, universitaires, sportives et des dépenses d'ordre social, de solidarité nationale et de discrimination positive envers les couches vulnérables.

194. Également, en partie, des affectations pourraient servir au remboursement de la dette publique (l'accélération de l'acquittement de la dette publique permettra à l'État progressivement d'effacer sa dette et par conséquent d'augmenter la capacité et le potentiel de la politique budgétaire, mais aussi de pouvoir librement choisir les modalités de sa coopération économique et financière).

195. La part affectée aux dépenses budgétaires des conseils territoriaux permettra de consolider la prise en charge des programmes d'investissements spécifiques dans les collectivités concernées, également faire bénéficier aux populations des retombées des richesses issues des zones d'exploitation de leur terroir.

196. La part affectée aux « Générations futures » fera l'objet de l'institution d'un fonds souverain dont la gestion pourrait être confiée au Ministère en charge du portefeuille

ou d'une Institution spécifique comme le FONSIS renforcé avec un statut révisé. Une partie pourrait servir à booster les entreprises locales en accordant des crédits au secteur privé national (entreprises détenues à 100% par des nationaux), notamment, les PME, PMI et TPE porteuses, qui exercent dans l'économie réelle.

197. Un système d'information intégré en rapport avec toute la chaîne de production et de commercialisation du pétrole, du gaz et des produits miniers et un dispositif transparent de gestion seront mis en place pour mettre du contenu au principe selon lequel les ressources naturelles appartiennent au peuple pour pallier les risques d'évasion, de détournements d'objectifs et pour une surveillance plus rigoureuse des activités.

198. Pour gagner en efficacité et en transparence dans la gouvernance des ressources naturelles, une architecture institutionnelle cohérente sera mise en place, comprenant la Haute Autorité de régulation des hydrocarbures et des ressources minérales, un organe unique de régulation, de coordination du secteur des hydrocarbures et des ressources minérales et la Commission nationale autonome de supervision des hydrocarbures et des produits miniers, un organe autonome et indépendant en charge de la supervision de toutes les opérations liées aux hydrocarbures et aux ressources minérales.

199. La commission nationale autonome de supervision des hydrocarbures et des ressources minérales pourrait être composée par exemple de représentants des Institutions de la

république, comme l'Assemblée nationale et les nouvelles Institutions faîtières mises en place, les Conseils territoriaux, les Cours et Tribunaux et la Société civile. Elle servira d'instance de reddition populaire des comptes et activités liées à l'exploitation des hydrocarbures et des ressources minérales par tous les acteurs, institutionnels comme privés.

200. Les Ministères en charge du pétrole, du gaz, des produits miniers et de l'énergie seront dotés de ressources humaines de qualité disposant de solides compétences et expertises dans les différents domaines liés à l'exploration, l'exploitation, la supervision, le contrôle sans faiblesse de la production et le droit international sur les hydrocarbures et les ressources minérales.

201. D'une manière générale, la formation permanente et le renforcement des habiletés et des capacités seront systématisés au profit des agents des administrations fiscales et douanières et des autres acteurs impliqués dans la gestion des ressources pétrolières, gazières et minières. Un dispositif de formation adapté aux métiers du pétrole, du gaz et des produits miniers sera mis en place sur la base d'un référentiel des métiers liés au pétrole, au gaz, aux produits miniers et de plans de formation adéquats notamment pour les besoins non couverts comme les techniciens supérieurs du forage, les mécaniciens spécialisés, les logisticiens, les chimistes et les techniciens géologues, etc.

202. En ce qui concerne le contenu local qui établit les engagements des compagnies pétrolières et des compagnies minières vis-à-vis de la communauté nationale, les priorités

sont les suivantes : le recrutement prioritaire des compétences locales (un ratio obligatoire pourrait être fixé), la formation et le renforcement des capacités des ressources humaines et leur emploi sur chaque niveau de la chaîne pétrolière, gazière et minière, l'acquisition au niveau local de tous équipements, matériels, fournitures ou services disponibles et de qualité, sur le marché national, auprès des entreprises sénégalaises.

203. Concernant les services connexes dans le cadre du contenu local, les conditions suivantes seront exigées : le recours prioritaire aux entreprises nationales, dotées des qualifications requises, pour tous travaux d'entretien ou de maintenance des sites d'exploitation, la réalisation de projets permettant aux populations impactées d'avoir accès à des services sociaux essentiels dans les domaines de la Santé, de l'Éducation, de l'Accès à l'eau potable, à l'électricité, aux pistes de production, etc. et à des ressources pour compenser les pertes financières engendrées par l'occupation de leurs zones d'exploitation.

204. Des ressources financières seront mobilisées pour accompagner la création d'industries compétitives de valorisation des hydrocarbures (production d'énergie électrique, pétrochimie, Gaz Non Liquéfié, produits dérivés, etc.) et le développement d'une base logistique maîtrisée en s'appropriant tous les services connexes liés à l'exploitation du pétrole et du gaz, en allant de la logistique à terre en passant par le support en mer, le transport maritime, les

services catering, les services maintenance jusqu'au service d'alimentation des bateaux, etc.

205. L'État va promouvoir la réduction des prix des produits de grande consommation tels que le carburant, l'électricité et le gaz domestique pour faire bénéficier aux populations des retombées de l'exploitation de nos ressources pétrolières et gazières.

206. Sera également déterminée une contribution financière au fonds de prise en charge des calamités et catastrophes. Pour tenir compte de la dimension environnementale, il sera créé une Agence chargée des études environnementales, dotée de ressources humaines et d'une autonomie financière afin de faire face aux gigantesques défis liés à la gestion durable des hydrocarbures et des ressources minérales, au suivi environnemental de tous les projets d'envergure *au niveau national* comme les activités offshores et extractives.

207. Cette agence procédera à une évaluation environnementale stratégique du secteur des hydrocarbures et des ressources minérales qui permettra de dresser la situation de référence de tous les milieux (mer, sols, sous-sols) et les cadres politiques, législatifs, réglementaires, biologiques, ethnologiques, sociologiques, etc., sur lesquels pourront ensuite être menées les prochaines Études (spécifiques) d'Impact sur l'Environnement (EIE) des compagnies avant les prochaines phases de production car les études d'impacts aussi bien au niveau environnemental que social de la toute première phase de production n'ont pas

été accomplies avant le démarrage effectif de la production en ce qui concerne le gaz et le pétrole.

208. Il sera exigé outre la publication régulière du rapport de l'Initiative pour la Transparence dans les Industries Extractives (ITIE), la publication régulière de rapports de Développement durable conforme à la norme ISO 26000 et aux indicateurs du Global Report Index (GRI) à toutes les entreprises des secteurs des hydrocarbures et des ressources minérales en exploration et exploitation, ainsi qu'aux entreprises sous-traitantes présentant également des risques majeurs (Energie, Transport, etc.).

209. Les questions de sécurité et de sûreté sont des problématiques majeures qui vont être prises en compte dans les allocations budgétaires et dans le volet de la coopération internationale et sous-régionale notamment avec les pays voisins car nous partageons d'importants gisements de ressources naturelles avec pour nombre de pays limitrophes.

ÉCONOMIE NUMÉRIQUE : UN POTENTIEL INDUSTRIEL À EXPLOITER

210. L'économie numérique est sous exploitée et pourrait offrir des débouchés profitables à notre pays. Les participations minoritaires voire insignifiantes détenues dans le capital des principales sociétés présentes au Sénégal doivent être corrigées et revues à la hausse pour profiter des évolutions globalement positives du secteur.

211. L'absence de souveraineté numérique fait peser une menace sur la protection des données personnelles des particuliers mais aussi sur celle des données stratégiques des entreprises et des administrations, menace accrue en cette période de recours massif et organisé en urgence aux outils numériques. La collecte, le traitement, la protection et la sécurité des données restent un défi majeur dans ce contexte de concurrences économiques, de tensions politiques et d'agressions multiformes notamment les violences et le harcèlement numériques exercés sur les organisations et les populations.

212. Les mécanismes de régulation et de sanction, tant nationaux, sous régionaux que continentaux, demeurent encore trop timides au regard des enjeux considérés et de la puissance des entreprises qui dominent le marché dans ce secteur. Les NATU (NETFLIX, AIRBNB, TESLA, UBER) et les BIG FARMA occidentaux, les GAFAM américains (Google, Apple, Facebook, Amazone et Microsoft), les BATX chinois (BAIDU, ALIBABA, TENCENT, XIAOMI) & TIK TOK et le YENDEX russe auxquels s'ajoutent, les nouveaux champions de l'espace comme SPACE X, dominent fortement l'économie numérique mondiale. Nous devons accélérer le partenariat avec ces multinationales et en même temps renforcer nos compétences propres, la formation, promouvoir l'innovation et initier notre modèle de développement numérique. Nous devons également tirer le meilleur profit des open source.

213. À l'échelle nationale, il faudra également tirer les conséquences juridiques de ces changements socio-économiques dans la mesure où la numérisation observée récemment, largement improvisée, devra être régulée pour tirer profit du contexte concurrentiel. Et il est plus que jamais temps de construire une politique offensive de soutien à nos embryons technologiques, afin de faire émerger les champions africains de demain.

214. Le programme Sénégal Entreprenant et Solidaire met en relief le caractère critique et stratégique du secteur numérique auquel les politiques publiques doivent faire une grande part dans les investissements productifs avec des séries de mesures spécifiques pour lancer la nouvelle politique d'industrialisation.

CRÉER UNE INDUSTRIE SÉNÉGALAISE DU MÉDICAMENT ET DE LA PARAPHARMACIE

215. Notre objectif est de créer une industrie sénégalaise du médicament compétitive pour réduire notre forte dépendance en produits pharmaceutiques et tendre vers une souveraineté en matière de médicaments essentiels. Cette situation est coûteuse pour notre économie en ressources financières mobilisées et en emplois créés hors de notre pays pour le compte d'industries et entreprises étrangères.

216. Notre pays est en effet très dépendant en médicaments et produits de parapharmacie. Plus de mille 1000 références de médicaments essentiels génériques sont gérées par la Pharmacie Nationale d'Approvisionnement (PNA) et 90% de ces produits sont importés du marché international.

217. L'État participera directement ou indirectement au capital des entreprises porteuses. Le statut de la Pharmacie Nationale d'Approvisionnement va évoluer pour faciliter sa

prise de participations dans le capital de certaines industries, grossistes ou laboratoires afin de rendre disponibles et accessibles certains médicaments essentiels dans le cadre d'une économie de marché régulée et maîtrisée.

218. Des ressources publiques vont être mobilisées pour valoriser les plantes médicinales et réaliser des jardins botaniques dans toutes les régions du Sénégal, sous la supervision des universités, des conseils territoriaux et du collège préfectoral, des services des eaux et forêts, des services agricoles, horticoles, des groupements socio-économiques, etc. afin de disposer de la quantité de matière première requise pour la production de médicaments.

219. Concernant la gouvernance du secteur des médicaments, de la pharmacopée et de la parapharmacie, la loi sur la pharmacopée traditionnelle ainsi que la mise en œuvre des dispositions légales pour assurer les conditions requises à l'exercice de la profession de médecins traditionnels (compétences sanctionnées par un diplôme délivré par une autorité académique par exemple tenant en compte la valorisation des acquis de l'expérience) seront intégrées au dispositif juridique.

220. Pour cela, il est nécessaire d'intégrer des dispositions de la Convention Médicrime dans le corpus législatif et réglementaire du Sénégal, d'appliquer scrupuleusement les dispositions de la loi en vigueur en matière de lutte contre les faux médicaments qui viennent d'horizons divers et variés notamment de pays industrialisés. Nous intensifierons la lutte contre le faux médicament et l'exercice illégal de la

pharmacie, et adopterons de nouvelles mesures de soutien au secteur privé et d'aides publiques aux entreprises sénégalaises porteuses en difficulté.

221. Des mesures seront prises pour contrôler efficacement les officines de pharmacies et dépôts de médicaments et pour aussi lutter contre les publicités et promotions mensongères ou déguisées sur des produits de la pharmacopée, les faux médicaments et les nombreux charlatans qui exercent en toute illégalité.

222. Nous devons consolider le dispositif institutionnel structuré autour de la Direction de la Pharmacie et du Médicament (DPM), autorité nationale de réglementation pharmaceutique, de la Direction de la Pharmacie Nationale d'Approvisionnement (PNA) et du Comité national de lutte contre le faux médicament et l'exercice illégal de la pharmacie. Seront mis à contribution, la PNA, l'Ordre national des pharmaciens du Sénégal, l'Ordre des médecins et le Club des investisseurs pour booster le partenariat public-privé dans ce secteur.

223. Ces organes vont recevoir des allocations financières importantes et leur statut institutionnel va nécessairement évoluer dans ce contexte d'industrialisation et de réduction de notre dépendance voire de recherche de souveraineté en produits pharmaceutiques. Le partenariat public privé sera mis en pratique pour accompagner le développement du secteur et la politique de santé publique.

224. Par exemple, la Pharmacie Nationale d'Approvisionnement sera accompagnée en mettant à sa disposition des ressources à hauteur de ses besoins et en définissant des procédures de passation des marchés adaptées pour l'achat des médicaments essentiels.

225. Au niveau de la logistique administrative, la création d'un centre de marquage pour la sérialisation des médicaments et la sécurisation des procédés ainsi que d'autres dispositions pratiques vont être prises pour modéliser tout le dispositif de contrôle numérique des produits pharmaceutiques. Seront systématisées, la sérialisation, l'élaboration du guide des références et la production du grand livre des médicaments en vue d'une gestion et d'un suivi efficaces des données. Une brigade spécialisée dans la lutte contre les faux médicaments et un comité de veille vont être mis en place pour démanteler tous les réseaux internes et externes, les dépôts illégaux et lobbies de trafic des faux médicaments au Sénégal.

226. Des aides publiques et des mesures fiscales incitatives fortes vont accompagner les créations d'industries pharmaceutiques nouvelles et les prises de participations simples ou croisées dans le capital de sociétés industrielles par les acteurs sénégalais des secteurs public et privé de la chaîne (fabricants, centrales d'achats, grossistes, PNA, PRA, Points de prestations de soins, établissements privés, officines, etc.).

227. Des allocations budgétaires spécifiques affectées au secteur de la santé vont servir au développement d'une

véritable industrie pharmaceutique sénégalaise ainsi que de petites unités pharmaceutiques notamment dans la production de médicaments génériques, de matériels médicaux et de produits élaborés issus de la pharmacopée traditionnelle, répondant ainsi aux besoins de santé des populations sénégalaises et africaines.

TOURISME ET CULTURE : UN POTENTIEL INDUSTRIEL À DÉVELOPPER

228. Pour l'amélioration et la diversification de l'offre touristique correspondant aux besoins du marché, des ressources publiques provenant du budget de l'État, du budget des conseils territoriaux et du budget des conseils municipaux seront mobilisées pour soutenir les entreprises de tourisme, les acteurs culturels et l'économie du sport afin d'exploiter toutes les potentialités du Sénégal, en matière de tourisme d'affaires, de tourisme haut de gamme, de tourisme culturel, de tourisme balnéaire, de tourisme religieux, de tourisme médical, de tourisme rural, de tourisme vert, d'écotourisme, de tourisme de croisière, d'activités et de services culturels et sportifs.

229. Sera alloué au secteur touristique un budget annuel équivalent d'au moins 2% du Budget de l'État à partir de 2024 en vue d'atteindre les objectifs de performances économiques. Des aides publiques spécifiques seront données aux conseils territoriaux et aux conseils municipaux

pour la mise en place d'installations et d'infrastructures adéquates dans les zones à vocation touristique de leurs terroirs.

230. Pour améliorer la législation existante, les mesures suivantes seront mises en pratique :

- Doter les zones touristiques de statut spécial pour permettre aux promoteurs qui s'y installent de bénéficier de conditions fiscales et tarifaires plus favorables.
- Ouvrir le ciel à la concurrence (open sky) et promouvoir dans le cadre d'un Partenariat Public Privé (PPP), la création d'une compagnie forte, crédible et compétitive capable de se positionner sur les marchés internationaux et régionaux. L'ouverture du capital de notre compagnie actuelle à des partenaires stratégiques mieux dotés, doit être envisagée.
- Établir un cadre réglementaire favorisant le développement d'un tourisme solidaire et durable ainsi qu'un meilleur contrôle des résidences hôtelières et des appartements meublés.
- Actualiser la convention hôtelière de la restauration datant de 1972 et réviser les textes de loi régissant le domaine public maritime (DPM) dans le code des investissements. Voter la loi sur le littoral et signer, dans les meilleurs délais, les décrets d'application. Et Veiller au respect des engagements inscrits dans la charte nationale du tourisme du Sénégal.

- Lutter contre toutes les agressions des zones côtières (extractions de sable marin, érosion côtière et insalubrité dans les plages de toutes les zones touristiques) et restaurer le littoral en relation avec les différents services en charge de l'environnement au niveau de l'Administration, des Conseils territoriaux et des Conseils municipaux.

- Renforcer les moyens de la police touristique et créer le corps des volontaires du tourisme pour veiller à la quiétude et à la sécurité des touristes ainsi qu'à la sensibilisation des populations sur les comportements à adopter vis-à-vis des touristes. Mener des campagnes de sensibilisation pour lutter contre le harcèlement des touristes dans la rue. Signer des conventions de partenariat avec les collectivités territoriales des zones concernées pour la mise en place de brigades de surveillance de l'environnement dont les missions consisteraient à la sensibilisation des résidents sur un code de conduite respectant les normes élémentaires d'hygiène.

- Appliquer rigoureusement la loi sur la mendicité et initier une campagne de sensibilisation sur la mendicité des enfants, des femmes et des adultes valides.

- Appliquer, strictement, les dispositions légales relatives à l'interdiction des mineurs non accompagnés d'accéder aux réceptifs hôteliers.

- Concevoir avec l'Agence de l'Informatique de l'État (ADIE) un plan de développement d'un e-tourisme efficace au niveau de l'administration centrale et locale.

- Etablir une base de données statistiques fiables sur le nombre de touristes, la durée des séjours, le type de tourisme (affaires, religieux, loisirs et familial), en responsabilisant l'ANSD, SECURIPORT et l'ASPT.

- Affecter, dans chaque représentation diplomatique, un chargé de mission, spécialisé dans le domaine du tourisme et maîtrisant la langue du pays.

- Articuler les projets du Ministère en charge du Tourisme et des Transports aériens avec les nouvelles opportunités qu'offrent les programmes de développement en infrastructures.

- Équiper et mettre à niveau les aéroports secondaires pour les rendre plus fonctionnels avec des services de qualité standard au départ comme à l'arrivée.

- Étendre la saisonnalité du tourisme de novembre à juin dans un premier temps et l'étendre dans un deuxième temps sur toute l'année pour consolider la promotion et le suivi de la mise en œuvre des nouvelles orientations de notre pays pour développer le secteur et la sécuriser les investisseurs.

231. Notre objectif est aussi de conquérir les marchés émetteurs (France, Belgique, Suisse et Canada) et les pays à forts potentiels comme l'Allemagne, la Grande Bretagne, le marché Afro Américain et également les marchés de

l'Indonésie, du Pakistan et des pays de la OUMA Islamique pour la promotion du tourisme religieux. Nous diversifierons qualitativement les sources d'émission de touristes en positionnant le tourisme sénégalais avec des produits et services compétitifs au cœur des nouveaux marchés des BRICS (Brésil, Russie, Inde, Chine et Afrique du Sud), pôles des nouveaux pays émergents.

232. Des actions diplomatiques vont être entreprises pour la dé classification du Sénégal comme pays à risque et de la Casamance en zone plus favorable tenant compte des efforts de pacification de la zone sud par l'État et les acteurs.

233. Concevoir et réaliser les offres touristiques en termes de circuits et d'excursions avec les professionnels du tourisme et de la culture (Tours Operators, agences de voyages, syndicats d'initiative, promoteurs culturels, guides, hôteliers, conservateurs, médiateurs, élus...).

234. Harmoniser les sites et monuments inscrits sur la liste du patrimoine mondial de l'UNESCO avec celui du patrimoine national classé et les faire figurer dans toutes les offres touristiques. Intégrer dans les offres, les valeurs de notre culture, du savoir-faire artisanal et de notre patrimoine historique et religieux qui seront mis en relief pour attirer l'attention, susciter l'intérêt et le désir de découvrir nos spécificités en matière de culture, tourisme et artisanat.

235. Des parcours et des ouvrages concernant les sites de notre patrimoine historique ainsi que nos héros et héroïnes qui ont marqué notre histoire, seront valorisés. Des lieux

seront aménagés et des guides formés pour accueillir des touristes. À titre d'illustrations, Thieuytou pour Cheikh Anta DIOP, Dekheulé pour Lat Dior, Ndeer pour les femmes de Nder, Cabrousse pour Aline Sitoé DIATTA, le Rip et Pathé Badiane pour Maba Diakhou BA, Somb ou Fandane-Thiouthioune pour Maad A Sinig Coumba Ndoffène Famak DIOUF et Maba Diakhou BA, etc. sont des lieux chargés d'histoires et de mythes.

236. Mettre en œuvre des actions de conservation de la biodiversité et de développement local pour favoriser la promotion durable de l'éco-tourisme.

237. Enrichir et partager l'agenda des événements culturels comme la biennale, les festivals, le grand carnaval, les manifestations sportives et les événements traditionnels spécifiques de certains terroirs.

238. Dématérialiser les stratégies de communication pour la promotion du tourisme. Mener des campagnes d'information et de sensibilisation de proximité pour faire du Sénégal une terre d'accueil attractive. Nombre de nos éminents compatriotes connus au Sénégal et à l'international (stars de la musique, du football et du basket, etc.) seront élevés au rang d'ambassadeurs du tourisme capables de promouvoir la destination Sénégal. Concevoir des supports de communication pertinents qui renseignent sur toutes les potentialités.

239. Promouvoir l'éducation touristique dans les établissements scolaires et universitaires ainsi qu'au niveau

communautaire en favorisant la création de clubs loisirs et découvertes pour le développement du tourisme interne et la production de web documentaires, à publier sur les réseaux sociaux, pour des voyages virtuels dans les zones culturelles, religieuses et historiques.

240. Des moyens adéquats seront déployés pour la professionnalisation des ressources humaines. Les dispositions suivantes seront mises en pratique :

- Mettre à niveau les ressources humaines (formation permanente, certification des formateurs, perfectionnement du personnel).
- Exiger des tours operators le recrutement de guides touristiques ayant bénéficié d'une solide formation et détenant une licence attribuée par le Ministère de tutelle.
- Améliorer la formation des acteurs du secteur par la réhabilitation et l'extension des locaux de l'École Nationale de Formation Hôtelière et Touristique, la création d'un hôtel d'application, la mise à jour des curricula de formation dans les métiers de l'hôtellerie et du tourisme selon l'Approche par les Compétences (APC) et l'implantation de programmes adaptés, l'ouverture de filières de formation supérieure de niveaux Licence et Master, en collaboration avec les établissements supérieurs.

MIEUX EXPLOITER NOTRE POTENTIEL CULTUREL ET PROMOUVOIR UNE INDUSTRIE CULTURELLE

241. Au niveau de la gouvernance culturelle, nous allons :

- Allouer 1% au minimum du budget national au ministère en charge de la Culture et des industries culturelles.
- Valoriser les infrastructures existantes : Le Théâtre National Daniel SORANO, le Monument de la Renaissance, le Grand Théâtre Doudou Ndiaye Coumba Rose, le Musée des civilisations noires doivent bénéficier d'un statut spécifique et de ressources propres pour un redéploiement plus bénéfique.
- Créer de nouvelles infrastructures équipées au niveau des méga-régions (théâtre de verdure, médiathèque, cafétéria, musée, salle de répétition, studio d'enregistrement, salles polyvalentes pour la projection de films, etc.)
- Promouvoir des industries culturelles.

- Restructurer et assainir le secteur du cinéma et de l'audiovisuel.
- Mobiliser des ressources budgétaires pour financer l'industrie cinématographique et audiovisuelle, promouvoir le cinéma dans toutes les méga-régions du Sénégal et accorder des subventions aux associations socioprofessionnelles pour dynamiser les activités.
- Valoriser et stimuler la création artistique et faciliter l'accès à des marchés publics comme la confection des décorations nationales, des médailles et trophées sportifs.
- Octroyer une part significative des marchés publics nationaux aux entreprises culturelles sénégalaises.
- Encourager la prospection et la vente de produits culturels au niveau des marchés sous régional, africain et international.
- Développer une approche, associant l'Afrique et sa diaspora, dans l'animation du musée des civilisations noires.
- Promouvoir l'entrepreneuriat et le développement des industries culturelles dans le domaine des arts scéniques, de la mode, du design, des arts musicaux et visuels.
- Développer des industries dans le domaine du livre (physique et numérique).

242. Des ressources publiques vont être mobilisées pour consolider la diversité des expressions culturelles sénégalaises, promouvoir son rayonnement et faire des

acteurs culturels des opérateurs économiques de premier plan.

Des dispositions pratiques seront prises :

- Doter l'école nationale des arts d'installations adéquates.
- Valoriser et promouvoir les traditions culinaires et le tissage traditionnel.
- Mettre en valeur nos tapisseries au sein de nos différentes administrations qui accueillent le public.
- Aménager au sein de nos ambassades et consulats une salle d'exposition des productions artistiques sénégalaises et organiser des visites.
- Valoriser les spécificités culturelles comme le « ndaga » de Médina Sabakh.
- Poursuivre le plaidoyer entamé depuis 2008 pour l'inscription du « yella » du Boundou au patrimoine mondial de l'UNESCO.
- Assurer aux acteurs du secteur de la culture une protection sociale et veiller à l'effectivité des mesures sur les droits d'auteur et droits voisins.
- Créer un institut de formation au profit des artistes et acteurs culturels.
- Favoriser la préférence nationale dans la réalisation des marchés de l'édition des manuels scolaires et l'édification d'ouvrages culturels.

- Consolider et accompagner la transformation des écuries de lutte en entreprises de promotion et de valorisation du patrimoine culturel de la lutte.
- Valoriser la lutte traditionnelle avec l'aménagement d'aires de jeux qui répondent aux normes.
- Instaurer le prix de la République pour les Arts et Lettres.

DÉVELOPPER L'ÉCONOMIE ET L'INDUSTRIE DU SPORT

243. Au niveau de la gouvernance du secteur, les dispositions suivantes seront prises :

- Un Ministère plein en charge des sports sera mis en place au niveau du Gouvernement.
- Au niveau des conseils territoriaux, un organe en charge de l'économie du sport sera également mis en place.
- Mettre à jour la cartographie des acteurs principaux du secteur.
- Inventorier l'existant en termes de classifications des sports pratiqués, des organisations d'encadrement et des infrastructures existantes.
- Professionnaliser et moderniser le secteur du sport, les marchés de fabrication et de distribution d'articles.
- Développer le partenariat avec des pays réputés en matière politique de sports. Promouvoir la diplomatie par le sport.

- Inciter les investisseurs nationaux et étrangers à financer des complexes sportifs et des usines de fabrication d'articles de sports dans les méga-régions.

244. Des ressources budgétaires importantes seront mobilisées pour :

- Doter le secteur des ressources humaines de qualité.
- Promouvoir la formation initiale, la formation continue, la recherche dans le domaine des sports et améliorer le statut des corps enseignants.
- Accroître les performances du Sénégal au niveau de la haute compétition.
- Développer le sport scolaire et universitaire.
- Développer le sport professionnel et de masse.
- Développer les sports traditionnels comme la lutte au niveau des méga-régions.

DEUXIÈME PILIER

REFONDER ET MODERNISER L'ADMINISTRATION

245. Le deuxième pilier concerne d'une part la refondation de notre administration dans tous ses compartiments pour gagner en efficacité, lutter contre toutes formes de corruption tout en facilitant le quotidien de nos compatriotes. Également renforcer les corps de contrôle de l'État par des ressources humaines de qualité et des moyens matériels adéquats pour que leurs missions soient menées dans la diligence et dans la célérité.

246. Nous nous engageons à promouvoir les mesures adéquates suivantes contenues dans la charte de gouvernance démocratique des Assises Nationales, en vue de refonder et redynamiser l'administration publique dans un

environnement de travail propice à l'industrialisation et au développement.

- Améliorer de manière significative la lisibilité des procédures pour tous les citoyens, en particulier en les exprimant dans les langues nationales.
- Établir un système d'incompatibilité pour éviter l'implication partisane des hauts fonctionnaires dans les activités politiques.
- Instituer l'appel à candidatures pour certains postes de la haute fonction publique et du secteur parapublic.
- Consacrer un système légal et équitable d'accès à l'information, garanti par l'administration aux citoyens, aux acteurs politiques, économiques, sociaux et culturels.
- Créer un organe indépendant de lutte contre la corruption avec des pouvoirs de saisie directe des tribunaux et un système de répression efficace.
- Assurer l'octroi des marchés publics dans des conditions de parfaite équité et de transparence totale.

SIMPLIFIER LES FORMALITÉS ADMINISTRATIVES

247. Les démarches administratives, la paperasserie administrative, les pièces administratives concernant les dossiers de personnes physiques ou morales ou même les administrations elles-mêmes sont chronophages, coûteuses et aussi source de tracasseries de toutes sortes et de complexités inutiles favorisant la corruption et l'inefficacité.

248. Les exemples de la situation de l'état civil, du casier judiciaire, des dossiers dans les tribunaux, des dossiers médicaux dans les hôpitaux et structures de santé, des archives fiscales et douanières, des dossiers administratifs des entreprises, des dossiers scolaires et universitaires, des attributions foncières, des registres et livres fonciers quand ils existent, expliquent toute l'incurie d'une gestion administrative approximative et inopérante, source d'erreurs et de problèmes de toutes sortes au détriment des usagers et de l'administration elle-même.

249. Il arrive très souvent que l'administration réclame à des usagers des pièces administratives qu'elle-même conçoit, produit, traite, contrôle, vérifie, archive, suit sans aucun élément extérieur.

250. Voilà pourquoi, une des innovations majeures que nous proposons est la création d'un Ministère des données, ministère hautement stratégique qui va collecter, traiter, contrôler, vérifier, stocker, archiver, produire, sécuriser et fournir des données de toutes natures concernant les caractéristiques démographiques et sociologiques, les statistiques, les données économiques et financières et faire de la prospective pour tous les acteurs des services publics et privés, en vue de rendre plus efficaces la mise en œuvre, le suivi et l'évaluation des politiques publiques.

251. Par exemple, le Centre National numérique de l'État Civil, qui va être mis en place produira des documents fiables et sécurisés à un coût moindre au profit des usagers et de l'administration.

Les outils informatiques, le niveau de technologie dans l'économie numérique et le niveau de compétences des ressources humaines disponibles nous permettent d'envisager cette innovation majeure dans la gouvernance administrative.

252. Le Ministère des données fera opérer les différents services existants et les nouveaux services créés pour que la synergie générée puisse d'une part combler les nombreuses insuffisances d'une gestion administrative parcellaire,

opaque, coûteuse, approximative et inefficiente et d'autre part faire profiter à notre État et aux usagers les bénéfices d'une productivité, d'une célérité et d'une transparence accrues.

Le Ministère des données est en substance un ministère de souveraineté et l'éventualité de réserver tout le building administratif Président Mamadou DIA à ce ministère sera rigoureusement étudiée.

253. Par exemple, les données générales compilées et/ou complètes concernant :

- Les services de l'Agence Nationale de la Statistique et de la démographie (ANSD).
- La Direction de l'Automatisation des Fichiers (DAF).
- Le Registre National Unique (RNU) et ses extensions, les services de l'État Civil.
- Le Registre des Commerces et des Sociétés (RCS).
- Le Numéro d'Identification Nationale des Entreprises et des Administrations (NINEA).
- Le numéro fiscal qui est l'identifiant unique pour toutes les démarches fiscales.
- Le code d'identification fiscale (COFI), matricule pour chaque contribuable,
- Les services financiers.
- Les services du cadastre.

- Les livres fonciers.
- Les services liés aux secteurs de l'agriculture, de l'élevage et des pêches.
- Les données de l'Agence Nationale de l'Aménagement du Territoire (ANAT).
- Les données au niveau du service des mines et des transports.
- Les diverses données administratives, notamment celles du ministère en charge du travail et l'emploi.
- Les données des ministères en charge de la santé, de l'éducation, de l'enseignement supérieur, de l'enseignement technique et de la formation professionnelle, de la solidarité.
- Les différents registres, devront être numérisés pour en faciliter l'exploitation, le traitement, la conservation et la sécurisation.

254. De même, la problématique des archives physiques est posée de manière récurrente dans toutes nos administrations centrales comme déconcentrées sans qu'aucune solution satisfaisante jusqu'à présent ne soit trouvée.

255. La gouvernance des données (collecte, traitement, exploitation, suivi, archivage, sécurisation) est devenue un enjeu stratégique de premier plan car qui tient l'information tient une parcelle de pouvoir stratégique.

256. La levée des verrous administratifs et la simplification des procédures permettra des gains importants en efficacité et feront de notre administration, une administration moins bureaucratique. Nous limiterons la profusion des normes définissant les responsabilités de chacun et les procédures à suivre.

257. Notre administration doit sécuriser les citoyens et les acteurs économiques qui doivent être informés dès l'accueil avec précision sur les procédures et le droit applicable à une situation ou un projet, et éviter de l'apprendre une fois le projet accompli ou le contrôle lancé par l'administration.

En matière d'urbanisme et de foncier par exemples, la pratique courante suivante « on construit d'abord et on régularise ensuite » doit être bannie et des sanctions administratives appliquées rigoureusement.

258. La modernisation de l'Administration tiendra compte de la qualité des services rendus aux usagers et des informations pratiques fournies aux citoyens.

Les sites web des ministères et les applications des services administratifs mis en ligne seront plus accueillants, plus ergonomiques et faciles d'utilisation.

259. Nous allons poursuivre la simplification et la rapidité des procédures administratives *via* le site mis à jour des démarches administratives et celui du journal officiel.

260. Cette modernisation devrait nous conduire vers la mise en place d'une administration en ligne avec une utilisation massive des télé-procédures en vue de l'accès des usagers à l'information en temps réel.

MODERNISER L'ADMINISTRATION DES DOUANES

261. Dans cette même optique, l'administration douanière, à travers son système informatique dénommé GAÏNDE (Gestion Automatisée des Informations Douanières et des Échanges), mis en place depuis 1990 ne cesse de s'améliorer en termes d'efficacité (augmentation considérable des recettes douanières et réduction des délais de séjour des marchandises dans les zones de dédouanement).

262. Le programme GAÏNDE, dans sa version intégrale, concourt à la consolidation des acquis et l'essor du secteur douanier. C'est ainsi qu'avec la collecte électronique des documents de dédouanement par ORBUS et ORBUS LOGISTIQUE, des progrès tels que l'entrée de la douane dans le sillage tracé par l'Organisation Mondiale de la Douane, l'amélioration de la place du Sénégal au classement mondial par l'indice du « Doing Business », la fiabilité et la qualité pour soulager les usagers à travers une large collaboration

entre la douane et les autres acteurs du dédouanement, la réduction des délais de traitement et l'accroissement du volume des affaires, ont pu être enregistrés.

263. Les réalisations notées ne doivent pas occulter les difficultés et contraintes rencontrées par l'ensemble des secteurs de l'administration. En effet, dans l'initiative de positionner l'administration sénégalaise dans le sillage des administrations modernes, nous pouvons regretter la lenteur qui règne au niveau des réalisations innovatrices.

264. À ce titre, téléDAC qui devrait permettre la dématérialisation effective de la demande d'autorisation de construire et qui a comme objectif majeur d'améliorer significativement la notation de notre pays au classement de

« Doing Business », reste actuellement en phase de pré-projet en perspective.

265. Par ailleurs, les progrès réalisés par l'administration en général et par la douane en particulier (SIGFIP, ASTER, GAINDE, etc.) cachent, en partie, les contraintes qui minent et ralentissent les réalisations. Sous cet angle, on peut évoquer, entre autres, l'indisponibilité des moyens matériels (prix onéreux du matériel et des licences), le manque de moyens humains (formation continue pour une mise à niveau) et la carence des réseaux électroniques et de télécommunications dans plusieurs localités.

CONSOLIDER LES COMPÉTENCES VIA LE NUMÉRIQUE

266. Le numérique est un facteur de convergence et de réduction des barrières. Il constitue un excellent outil de cohésion sociale et de convergence de différents acteurs. En effet, à travers la Télévision et l'Internet accessibles depuis les téléphones mobiles, le numérique offre des cadres de rencontre et de partage à plusieurs niveaux.

267. À ce titre, dans un monde de plus en plus ouvert aux formations spécialisées, l'Internet et la télévision concourent à la mise à disposition des formateurs et des apprenants d'une large gamme de produits riches en contenus de diverses sources.

268. Des ressources financières vont être mobilisées pour renforcer l'enseignement à distance et les télé-enseignements (Université Virtuelle du Sénégal) et corriger les difficultés notées dans la phase de lancement (coût onéreux de l'Internet et des télécommunications, manque de qualification du

personnel enseignant, et insuffisance des matériels numériques).

269. D'un point de vue opérationnel, au niveau des administrations centrale et déconcentrée nous allons procéder à une révision complète des textes de base de la fonction publique et des statuts particuliers des différents corps, ainsi que d'autres textes, actes ou décisions ayant un impact sur la carrière ou la rétribution des fonctionnaires, non fonctionnaires ou agents contractuels, en vue d'une meilleure adaptation :

- Aux exigences d'une fonction publique qui valorise des performances individuelles.
- À la formation initiale et continue des agents de l'État, en mettant à contribution les technologies de l'information et de la communication (TIC).
- Au mode de recrutement des agents de l'État, en privilégiant la voie de concours, gage de transparence et d'égal accès des citoyens à la fonction publique.
- Au mode de gestion moderne des ressources humaines, en systématisant l'élaboration, dans chaque département ministériel, d'un référentiel des emplois et des compétences, ainsi que d'un système de gestion prévisionnelle, en vue d'un suivi plus rigoureux et d'une maîtrise de la masse salariale.
- Au système de rémunération équitable des agents, en fonction des hiérarchies, grades et du rendement, tout en tenant compte des spécificités de certaines fonctions.

- Aux attitudes et comportements professionnels des agents de l'État, à travers le parachèvement du code de déontologie générale de la fonction publique élaboré de manière participative et consensuelle.
- Au système d'évaluation objective selon les standards internationaux des agents de l'administration publique.
- Au mode de suivi rigoureux de la situation des effectifs de la fonction publique, à travers la systématisation de la production d'un rapport annuel.

RESPECT DES VALEURS D'ÉTHIQUE ET DE CITOYENNETÉ

270. Des principes essentiels seront intégrés dans tous les contrats de performances, cahiers de charge ou lettres de mission des différents départements sectoriels, notamment :

- Le respect scrupuleux des principes et valeurs qui fondent l'Administration publique.
- La signature d'une charte d'éthique avec des indicateurs d'évaluation partagés.
- L'installation d'un dispositif de surveillance au niveau des services en charge de l'accueil et de l'orientation des usagers dans toutes les administrations centrale et déconcentrée.
- L'amélioration de l'accès des usagers à un service de qualité.
- La digitalisation sera la règle pour une dématérialisation complète de toutes les procédures déjà recensées par l'État avec un niveau de sécurisation renforcée des données de

l'administration publique. La préférence nationale sera de mise, afin de mettre les nationaux au cœur du dispositif de digitalisation dans un souci de protection et de préservation de nos données.

- L'application rigoureuse de sanctions pouvant résulter de la violation des obligations contractuelles.

271. La modernisation de la gestion des ressources humaines, l'amélioration de la performance à travers l'automatisation des procédures administratives et l'intégration dans les rapports de performance des départements sectoriels et de l'Administration déconcentrée, des éléments d'évaluation des ressources humaines, de même que la systématisation des comptes rendus périodiques de l'utilisation des fonds alloués à ces programmes ainsi que le renforcement des capacités de formulation, de mise en œuvre, d'évaluation et de contrôle des politiques publiques.

272. La réalisation des constructions et réhabilitations des bâtiments administratifs et des équipements (notamment équipements informatiques, mobiliers et véhicules).

273. Sera créé un observatoire national de la qualité du service public accompagné d'une boîte à idées en ligne.

DISPOSITIONS NOUVELLES CONCERNANT L'ADMINISTRATION EN CHARGE DE L'ÉDUCATION ET DE L'ENSEIGNEMENT SUPÉRIEUR

274. Au niveau de l'administration en charge de l'éducation et de l'enseignement supérieur, nous améliorerons le système de gestion de carrière des enseignants, en engageant des mécanismes de gestion prévisionnelle des emplois et des compétences, tout en prenant en compte la forte croissance démographique, l'évolution de la carte scolaire et universitaire et la productivité dans l'exécution des tâches administratives.

275. Les ressources des inspections d'académie seront consolidées, l'accréditation mieux régulée et le contrôle de la pléthore d'écoles privées sera plus efficace et rigoureux, en accordant une attention plus soutenue au relèvement du niveau d'exigence des conditions et critères de délivrance des autorisations.

276. Les performances de l'administration des universités vont être accrues par la mise en œuvre de réformes nouvelles. Un Centre de Pédagogie universitaire (CPU) fonctionnel des Universités sera mis en place de même qu'un système de prise en charge correcte des étudiants en situation de handicap. Les curricula pertinents et unifiés seront adoptés.

277. Dans le cadre de la gouvernance académique, des allocations budgétaires de l'État et une mobilisation de ressources additionnelles vont consolider les activités de recherches universitaires, rehausser le taux d'encadrement des doctorants et définir un mécanisme de gestion des plans de carrières du personnel universitaire.

278. Une mobilisation de ressources financières permettra la prise en charge du financement de l'éducation publique, des constructions et d'équipements des infrastructures, du recrutement d'un personnel qualifié ainsi que la pacification durable de l'espace scolaire et universitaire qui demeure une priorité absolue du programme Sénégal entreprenant et solidaire.

REFORMER L'ADMINISTRATION DE LA JUSTICE

279. Concernant l'administration de la justice, des mesures importantes seront immédiatement mises en œuvre pour corriger les dysfonctionnements, promouvoir une administration de la justice accessible, équitable, simplifiée, transparente, efficace, crédible, moderne et performante et pour lutter efficacement contre la corruption, l'arbitraire et les longues procédures.

280. Nous améliorerons le management des juridictions en généralisant la pratique de l'appel à candidatures sur la base de critères objectifs clairs pour les postes de chefs de juridictions afin d'instaurer une véritable transparence dans la gestion de la carrière de magistrat et rendre plus autonome le Conseil Supérieur de la Magistrature (CSM).

281. Nous augmenterons de manière significative les effectifs du personnel judiciaire dans les juridictions, en particulier les magistrats et les greffiers. Le principe de l'inamovibilité sera consolidé, la problématique des intérims

de même que la nécessité de continuité du service public seront définitivement réglées.

282. Nous allons systématiser une autonomie budgétaire des juridictions avec une obligation de rendre compte périodiquement, selon un format prédéfini, de l'utilisation des deniers alloués dans la plus grande transparence.

283. Nous initierons en urgence, un projet de traitement et de préservation des archives, avec comme actions prioritaires :

- L'aménagement ou la construction d'une salle de documentation spacieuse, sécurisée et bien équipée, dans toutes les juridictions.
- La restauration en urgence du service d'archivage du Palais de Justice de Dakar.
- Le recrutement, en nombre, d'archivistes et de documentalistes, afin d'accélérer le traitement des dossiers des justiciables et mettre en pratique la digitalisation.
- L'établissement d'une convention de partenariat entre le ministère en charge de la justice et l'École de Bibliothécaires, Archivistes et Documentalistes (EBAD), pour l'accueil de stagiaires, afin de combler le déficit de personnel.
- L'acquisition des équipements requis pour la numérisation des archives judiciaires du Sénégal.

- Le développement d'une application pour l'interconnexion des juridictions.

284. Nous allons accélérer la mise en œuvre des projets de dématérialisation et d'automatisation du ministère en charge de la justice, en accordant une priorité haute :

- À la dématérialisation du casier judiciaire et du certificat de nationalité sénégalaise.
- Au développement d'applications simples et adaptées, dans des délais encadrés, pour l'informatisation des procédures civiles, commerciales, pénales et sociales.
- À la sécurisation des données, avec l'installation d'un data center fonctionnel et protégé.
- À l'équipement en matériels informatiques de toutes les juridictions et des services en charge de l'assistance et de la protection sociales et judiciaires des mineurs, ainsi que de l'administration pénitentiaire.
- À la formation des magistrats, greffiers et autres auxiliaires de la justice pour une bonne appropriation des applications développées.

285. Des ressources budgétaires importantes vont être mobilisées pour réorganiser les tribunaux de commerce, promouvoir la bonne gouvernance de la justice dans les affaires économiques et financières et renforcer la sécurité des investisseurs preneurs de risques, des populations, des institutions et des marchés.

286. Compte tenu de la complexité des relations économiques et financières nationales et internationales, des interrelations entre les acteurs économiques et la diversité et spécificités des contrats dans les relations d'affaires, nous mettrons en place un recrutement de personnel qualifié et un programme de formation continue pour mettre à niveau notre système judiciaire selon les standards internationaux. Nous allons améliorer durablement l'environnement des affaires pour que la justice soit rendue avec célérité, transparence et équité au nom du peuple.

287. Nous devrons bannir l'arbitraire et le tordu en matière de justice et rétablir le droit dans toute son acception. Le sentiment largement partagé d'une justice rendue au nom d'un État ou d'un pouvoir partisan est crisogène, et, est aussi source d'instabilités aux conséquences incalculables souvent destructrices de l'unité d'une nation.

288. Le principe de la séparation des pouvoirs doit être consacré. Une culture de la responsabilité, de la reddition des comptes et de la sanction positive comme négative doit définitivement être ancrée dans nos mœurs et pratiques de notre démocratie au quotidien.

289. Nous améliorerons efficacement les conditions de travail du personnel de l'administration judiciaire en :

- Dotant le Centre de formation judiciaire de locaux, d'équipements et de plans de formation adéquats.
- Corrigeant les iniquités notées dans le traitement du personnel de l'administration de la justice, notamment

ceux des sous-secteurs de la protection sociale et judiciaire des mineurs et de l'administration pénitentiaire.

- Renforçant les équipements et mobiliers de l'ensemble des services de l'administration de la Justice.
- Mettant en place un système de gestion de la sécurité des magistrats, du reste du personnel et des parties impliquées, lors des audiences dépassant les heures habituelles de travail au niveau de l'Administration publique.

MISE EN PRATIQUE DE MESURES NOUVELLES

290. Pour le financement efficace de l'action publique et le bon fonctionnement de l'administration, nous augmenterons les capacités des administrations en ressources humaines et moyens logistiques notamment pour les services de la douane et des impôts et domaines. Les compétences seront renforcées en matière de planification, de programmation et d'évaluation de la performance.

291. Les profils des ressources humaines de l'administration fiscale vont être diversifiés. Le recrutement en nombre de personnel qualifié (statisticiens, planificateurs, analystes programmes et économistes) viendra renforcer le dispositif. De même, les systèmes d'information entre la douane et les impôts vont être mutualisés et sécurisés pour une meilleure exploitation des données mises à jour.

292. Autres dispositions opérationnelles concernant la gestion des finances publiques au niveau des ministères en charge des finances et du budget, nous allons premièrement systématiser la production de rapports trimestriels sur

l'exécution financière du budget, dans les délais requis et les publier en intégralité en ligne ; deuxièmement, assurer la publication détaillée de la masse salariale, pour dissiper toute idée de favoritisme entre les corps (par la mise en ligne) ; troisièmement, renforcer le système de digitalisation des services de la solde et quatrièmement, exiger des corps de contrôle la publication dans des délais encadrés de leurs rapports d'activités, d'enquêtes ou de gouvernance.

293. Les équipements de l'administration douanière vont être renforcés pour une meilleure surveillance de l'espace maritime et des frontières terrestres. La lutte contre la pandémie de la COVID-19 nous a permis de voir l'efficacité d'une coordination soutenue des Forces de défense et de sécurité. Durant cette période, étaient réunis, à l'initiative du comité Force Covid-19, autour du Gouverneur de région et des Préfets, le représentant de la région médicale, l'Armée, la Police, la Gendarmerie, la Douane, les Sapeurs-pompiers, le Service de l'Hygiène.

294. Il sera nécessaire d'intégrer le service des Eaux et Forêts dans cette dynamique de concertation dans l'action publique. Cette mutualisation des forces doit être consolidée et systématisée car elle permet une meilleure utilisation des ressources et une plus grande efficacité dans l'action concertée. Les systèmes d'information sont enrichis et mis à jour conjointement.

DES PRINCIPES FONDATEURS D'UNE CULTURE DE LA RÉFORME DE L'ADMINISTRATION

295. Les principes suivants vont être adoptés pour promouvoir un cadre de gouvernance pertinent des administrations publiques.

- Développer une culture de responsabilité, de reddition des comptes et de performance, à travers l'interdiction au top management de l'administration des régies financières de militer dans un parti politique.
- Légiférer sur l'accès à l'information.
- Légiférer sur les conflits d'intérêts au niveau de l'administration et réviser la chaîne de responsabilité pénale des ministres en tant que nouveaux ordonnateurs de dépenses.
- Augmenter l'effectif des corps de contrôle de l'État et appliquer des sanctions disciplinaires en cas de manquement grave.

- Systématiser la publication périodique et exhaustive des rapports produits par les corps de contrôle.
- Modéliser et systématiser la certification citoyenne sur les instruments de suivi-évaluation et des contrats de performance, à l'instar de certaines collectivités territoriales.
- Consolider le pouvoir de l'Assemblée nationale dans ses nouvelles prérogatives d'évaluation des politiques publiques.
- Créer les conditions d'une stabilité institutionnelle dans les dénominations et compétences des départements ministériels et agences connexes et d'en réduire le nombre pour une plus grande cohérence et efficacité dans la conduite des affaires publiques.
- Consolider les budgets des corps de contrôle et des organes de surveillance à la dimension de leurs missions et des exigences de leur autonomie, tout en renforçant le dispositif législatif et réglementaire devant l'ampleur de l'insécurité et l'instabilité dans notre sous-région, du blanchiment d'argent et du développement du financement du terrorisme dans le contexte d'exploitation de nos richesses gazières et pétrolières.

296. Une politique fiscale nationale inclusive sera menée avec la participation de toutes les familles d'acteurs économiques, sociaux, culturels, au niveau central comme décentralisé, avec une forte implication des opérateurs des secteurs formel et informel.

297. Des mesures spécifiques seront mises en œuvre au niveau de l'administration fiscale pour accroître le rendement de l'impôt, augmenter le niveau d'acceptation populaire du paiement des impôts dus par les contribuables, combattre efficacement l'évasion fiscale avec des arguments justes et rendre accessibles les informations financières et leurs impacts au profit de l'intérêt général, notamment la réduction de la dépendance à l'aide publique au développement et les impacts sociaux des politiques publiques initiées par l'État, au profit des segments de populations défavorisées et vulnérables. Des indicateurs pertinents pour mesurer ces effets seront régulièrement publiés.

298. Les ressources publiques profitent essentiellement aux capitales régionales et aux grandes villes au détriment de la zone rurale. Ce mode de répartition géographique sera corrigé.

299. Des exonérations et avantages fiscaux seront accordés en fonction de l'impact de l'investissement sur les populations, l'économie, la création d'emplois, le lieu d'implantation et la sauvegarde de l'environnement. Ces mesures d'exonération seront définies par des règles préétablies, transparentes et mises à la disposition des acteurs. Elles ne seront en aucun cas décidées par un pouvoir discrétionnaire d'une autorité politique ou administrative quelconque.

300. Nous allons impliquer les conseils territoriaux et les collectivités territoriales dans les différentes phases de la chaîne fiscale. Il en résultera plus de transparence, une bonne

maîtrise de l'assiette, du budget, de la détermination des taux des impôts et taxes qui leurs sont dévolus. En effet, leurs décisions impactent leurs recettes.

301. Des dispositions organisationnelles ainsi qu'une mobilisation de ressources financières renforceront les capacités des agents de l'administration afin d'adapter leurs compétences aux nouveaux défis posés par la fraude fiscale internationale, la dématérialisation des transactions et l'importance croissante dans l'économie sénégalaise des productions en cours de gaz, de pétrole et des mines ainsi que le développement du e-commerce.

Mise à disposition de données stratégiques concernant les entreprises

302. Concernant les données des entreprises privées, publiques, parapubliques, sociétés nationales et entreprises issues du partenariat public privé, multinationales présentes dans les marchés intérieur, sous régional ou continental, un organe de collecte de données, de traitement et de mise à disposition d'informations mises à jour sera mis en place pour faciliter, en toute transparence, au profit de tous les acteurs et de toutes les institutions, l'exploitation et le partage des informations clés (juridiques, financières, économiques et sociales) relatives à toutes les entreprises de manière exhaustive à l'image de ce qui se pratique dans tous les pays développés modernes.

303. Des plateformes numériques sont de plus en plus utilisées comme supports d'exploitation et les prestations sollicitées sont généralement payantes selon le type de données choisies et de versions (numérique ou papier, etc.).

304. Certaines Institutions comme les Bourses de valeurs ou la Bourse Régionale des Valeurs Mobilières sont encore plus exigeantes en termes de collecte et de mise à disposition de données. Ces pratiques courantes sont effectuées dans certains pays par des services administratifs des ministères en charge de l'économie et des finances ou des centres de formalités des entreprises ou des services des greffes ou des prestataires privés ou de services habilités.

305. Ces données stratégiques sont utiles pour tous les acteurs, notamment les banques et institutions de crédit, investisseurs potentiels, actionnaires ou titulaires de parts sociales de sociétés quelconques, concurrents directs et indirects, consommateurs, prescripteurs, employés et contractuels des organisations, partenaires notamment fournisseurs et distributeurs, opérateurs divers, institutions diverses, services de l'administration publique (justice, impôts, douane, sécurité, inspection du travail, environnement, etc.), services des collectivités territoriales et services des organisations communautaires et internationales.

306. Ces données concernent principalement :

- Les informations clés de l'entité juridique (entreprise ouverte ou radiée, forme juridique, adresse du siège et des établissements s'il y a lieu, numéros d'identification et numéro fiscal, nature de l'activité principale et des activités exercées, capital social et répartition mise à jour).

- L'identification des personnes clés (dirigeants, mandataires sociaux et bénéficiaires effectifs).

- L'historique des événements intervenus (date d'immatriculation et annonces légales publiées).

- Les informations financières rendues publiques (bilans et comptes de résultats publiés, analyse de solvabilité).

- Les documents d'immatriculation (avis de situation, extraits KBIS ou équivalents à jour, actes et statuts).

DES RÉFORMES INSTITUTIONNELLES CORRECTRICES ACCOMPAGNENT LA MODERNISATION DE L'ÉTAT ET LA REFONDATION DE L'ADMINISTRATION

307. La consolidation de notre démocratie passe par l'effectivité de la séparation des pouvoirs exécutif, législatif et judiciaire et la refondation des institutions et des libertés. Face à la défiance massive et au désintérêt croissant des populations par rapport au pouvoir politique et à la chose politique, des réformes institutionnelles correctrices vont être menées pour fonder un renouveau démocratique, consolider notre système démocratique et promouvoir une gouvernance participative, transparente au niveau des institutions de l'État et des Collectivités territoriales.

308. Nous souscrivons sans réserve à la Charte de gouvernance démocratique et aux conclusions des Assises nationales. Les six (6) points suivants reprennent quasi textuellement et de manière synthétique les productions issues des Assises Nationales du Sénégal que nous

souhaitons mettre en œuvre dans le cadre du Programme Sénégal Entreprenant et Solidaire.

309. L'ordonnancement de la nouvelle gouvernance institutionnelle doit respecter impérativement la séparation et l'équilibre des pouvoirs, le principe du contrôle, tout en mettant en corrélation pouvoir et responsabilité.

310. La refondation des institutions requiert un consensus robuste autour de principes directeurs tels qu'établis par la Charte de gouvernance démocratique et relatifs à la laïcité de l'État, à la République démocratique, comme forme de l'État, à l'État unitaire et décentralisé, comme forme d'organisation, au pluralisme culturel, politique, syndical et médiatique, à la responsabilité des autorités publiques et à leur obligation de rendre compte, à la concertation et à la participation, à une Constitution consensuelle, connue du peuple, sacrée et stable, assortie d'une procédure de révision juridiquement fixée, empêchant toute possibilité de manipulation, à une Charte des libertés, de la démocratie et de la bonne gouvernance approuvée et amendée directement par le peuple souverain.

311. La refondation concerne aussi la gouvernance institutionnelle (comprenant le régime politique, les pouvoirs constitutionnels, le système électoral et les partis politiques), la gouvernance locale et le cadre d'expression citoyenne, la garantie effective des droits humains, le pluralisme culturel et social, la démocratie sociale, le pluralisme médiatique, les visions et les valeurs citoyennes et démocratiques.

312. Le pouvoir exécutif représenté par le Président de la République, qui ne concentrera plus entre ses mains l'essentiel des pouvoirs, se verra appliquer les principes de responsabilité et de révocabilité. Il en sera de même pour le Premier ministre. Le Président de la République devra incarner l'unité nationale et garantir le fonctionnement régulier des institutions. Il sera le Chef des Armées, nommera les ambassadeurs du Sénégal et recevra l'accréditation des ambassadeurs des pays étrangers. Issu de la majorité, le Premier ministre sera responsable devant l'Assemblée nationale. Le poste stabilisé de Premier Ministre, Chef de Gouvernement, sera consolidé pour coordonner l'action gouvernementale et veiller au développement harmonieux et équitable des territoires.

313. Les ministres seront auditionnés par un organe démocratique habilité avant d'être nommés. Une attention particulière sera accordée à la stabilité de la nomenclature administrative, trop souvent malmenée, et à la neutralité de l'administration, réputée servir l'État et la Nation et censée être soumise à l'autorité de la loi. Le nouveau système garantira la neutralité de l'administration et de ses agents. Par ailleurs, l'administration devra être transparente dans ses procédures de recrutement et gestion de carrières, de rémunération, de commandes publiques et d'information.

314. En ce qui concerne le pouvoir législatif (l'Assemblée Nationale), qui tire sa légitimité du suffrage universel, avec une représentation de la diaspora, il verra ses pouvoirs renforcés pour contrôler l'action du gouvernement et

impulser la vie politique. Dans l'ordonnancement institutionnel proposé, les cumuls de mandats seront limités et rationalisés. Il sera également exigé des candidats aux fonctions électives de l'intégrité morale et de réelles qualités humaines. La représentation nationale doit aussi aller dans le sens de la diversité sociale et culturelle et favoriser la parité.

315. Le pouvoir judiciaire a en charge la régulation de l'équilibre des institutions, le respect de la loi et la garantie du respect des droits des citoyens. Son indépendance et l'extension de son champ de compétence seront affirmées dans le nouvel ordonnancement institutionnel. Le Conseil constitutionnel est transformé en Cour constitutionnelle, gardienne de la Constitution, de son esprit et de son application. Le Conseil supérieur de la Magistrature sera soustrait de la tutelle du Président de la République et placé sous celle du Président de la Cour constitutionnelle.

316. Ainsi, les institutions judiciaires seront désormais : la Cour constitutionnelle, la Cour de Cassation, le Conseil d'État, la Cour des Comptes, les Cours et Tribunaux. Le lien étroit de sujétion entre le ministre de la Justice et le parquet sera rompu.

317. L'administration sera rétablie dans sa posture de professionnalisme et de soumission exclusive à la loi. Son organisation sera reprécisée pour une meilleure stabilité et une rationalité qui mettront de l'ordre dans le recours inconsidéré aux Agences. Ses procédures seront réformées en vue d'une meilleure garantie d'efficacité et de transparence pour ses usagers, pour ses travailleurs, pour l'utilisation de

ses moyens matériels et financiers, ainsi que pour ses fournisseurs et prestataires de travaux et de service. Sa neutralité sera garantie, en particulier par des mesures d'incompatibilité et d'inéligibilité. Enfin, le principe de l'obligation de rendre compte lui sera systématiquement applicable.

318. Au niveau organisationnel, nous proposons la mise en place d'un gouvernement fonctionnel issu d'un large consensus composé de membres immédiatement opérationnels reconnus pour leur compétence, expérience et intégrité. Il sera proposé outre les Ministères classiques et Ministères de souveraineté, la mise sur pied de cinq Ministères d'État en charge des 5 piliers du Sénégal Entreprenant et Solidaire.

319. Nous devons en effet tirer les leçons des errances, approximations et insuffisances institutionnelles connues par le passé afin d'obtenir plus d'efficacité, de cohérence, de transparence et de célérité dans la mise en œuvre des politiques publiques. Nous sommes résolument installés dans notre ambition de bâtir un État entreprenant et solidaire au service de l'intérêt général.

320. Pour répondre aux exigences citoyennes et disposer d'un appareil gouvernemental adéquat, constitué d'une équipe citoyenne compétente et consensuelle, les chantiers suivants seront entrepris sans dogmatisme, ni conservatisme, et avec ouverture d'esprit, flexibilité et rigueur scientifique :

- Création d'un Ministère d'État en charge des données.

- Création d'un Ministère d'État en charge du portefeuille de l'État pour mettre en pratique l'industrialisation de notre économie et la création de richesses.

- Création d'un Ministère d'État en charge de l'aménagement du territoire avec la mise en place de 5 méga-régions appelés aussi régions-territoires (le Grand Nord, le Grand Sud, le Grand Est, le Grand Ouest et le Grand centre). Un dispositif institutionnel composé de trois organes prendra en charge la gouvernance locale concertée.

  Un conseil territorial bien doté en ressources représente les populations, une administration méga-régionale (collège préfectoral), représente l'Administration Centrale et un ministère en charge des programmes de la méga-région qui représente le gouvernement. Ces trois organes auront en charge la territorialisation des politiques publiques au niveau de zone géographique concernée.

- Création d'un Ministère d'État en charge de la solidarité et de la garantie des accès universels, santé, éducation, formation, habitat, sécurité, énergie, eau, protection sociale, tic.

- Création d'un Ministère d'État en charge des affaires étrangères, de la diplomatie, de la coopération.

- Création d'un Ministère plein en charge du sport et de l'industrie des sports.

- D'autres ministères, ministères délégués, secrétariats d'État ou organes connexes viendront en complément pour compléter le dispositif gouvernemental et effectuer les nécessaires ajustements avec toute la flexibilité et la souplesse que requiert la gestion des organisations dans le but d'accroître les performances et réalisations du Gouvernement.

TROISIÈME PILIER

AMÉNAGER LE TERRITOIRE. MISE EN PLACE DE CINQ (5) MEGA-REGIONS OU RÉGIONS TERRITOIRES

321. Notre objectif est un développement harmonieux et équilibré de l'ensemble du territoire en termes de gestion des espaces d'habitation et des zones économiques prenant en compte la cartographie mise à jour des zones inondables, des espaces collectifs, des zones industrielles, des espaces touristiques et de loisirs, des parcs, lacs et forêts, des réseaux hydrographiques, des aires marines protégées, des voiries, des marchés et foires et des quartiers administratifs. L'étalement urbain sera contenu et laissera une large place à la nature et aux espaces naturels.

322. Nous proposons la mise en place de cinq méga-régions (en remplacement des 14 régions actuelles), réparties en sous-ensembles homogènes, harmonieux et équilibrés. Ce nouveau découpage respecte le plus possible les cohérences et dynamiques géographiques, historiques, spatiales, culturelles, démographiques socio-économiques et environnementales, au regard notamment des populations résidentes. Le Grand Nord (GN), le Grand Sud (GS), le Grand Ouest (GO), le Grand Est (GE) et le Grand Centre (GC), seront les régions-territoires, véritables pôles économiques et administratifs robustes avec pour chaque entité des services administratifs déconcentrés.

323. Pour une gouvernance prospère des territoires et un service public réactif et performant, chaque méga-région sera pilotée par une équipe composée de trois organes fonctionnels afin d'impulser et mener sur le terrain les dynamiques économique, industrielle, environnementale, culturelle et de solidarité et de territorialiser les politiques publiques :

- Un Ministère d'État en charge des programmes spécifiques de la méga-région, représentant le Gouvernement.
- Un Conseil Territorial élu, assemblée compétente, représentant les populations et disposant de légitimité de par son mode d'élection, sa composition intégrant tous les segments des forces vives.
- Un Collège Préfectoral représentant l'Administration.

Cette nouvelle organisation institutionnelle devra créer les conditions de la performance, de la prospérité, de la compétitivité et de la solidarité sur les territoires.

324. Nombre de nos communes sont composées de villages et de hameaux non aménagés et éloignés les uns des autres. Des aménagements spécifiques devront être mis en place pour chaque commune afin de relever le niveau de confort et de sécurité des populations.

325. Le Sénégal ne dispose pas d'un véritable plan d'aménagement du territoire. La meilleure illustration est qu'après plus de 60 ans d'indépendance, nous n'avons aucune cartographie des zones à risques d'inondations et dans la pratique, nos compatriotes continuent d'occuper des zones inondables. Les conséquences sont désastreuses à chaque hivernage très pluvieux, son lot de désastres et de drames humains qui auraient pu être évités. Le dérèglement et les changements climatiques ne sont pas la seule cause des inondations dans nos villes et campagnes.

326. La déconcentration et la décentralisation doivent être entreprises avec pragmatisme, réalisme et volonté politique marquée par un fort consensus. Toutes les nations développées sont déconcentrées et décentralisées, qui font confiance aux pouvoirs locaux. L'exécutif national et les exécutifs locaux doivent dialoguer en permanence.

327. La décentralisation, c'est fondamentalement un concept politique et de la gestion avec répartition des responsabilités entre pouvoir central et pouvoirs locaux basée

sur la confiance et sur la volonté d'avancer pour mieux vivre ensemble.

328. Également, La question foncière, dans le respect du cadrage national sera abordée avec plus d'efficacité au niveau des collectivités territoriales. L'exploitation des terres et l'affectation consensuelle des parcelles, pour les besoins de l'agriculture familiale, de l'élevage ou de l'agro-business ou même de l'habitat, se feront en toute transparence, équité, justice, solidarité et équilibre dans le respect de l'environnement et la préservation des réserves pour les générations futures.

329. La gouvernance des collectivités territoriales ainsi que leur financement, l'architecture administrative des méga-régions ainsi que la répartition des services administratifs déconcentrés, le dialogue des territoires ainsi que l'implantation géographique des unités industrielles et sociétés commerciales ou de services, des universités, des écoles et centres de formation professionnelle ou structures de santé ou infrastructures collectives quelconques doivent faire l'objet de consensus robustes pour asseoir les fondements du développement économique, social et environnemental dans la solidarité et l'équité territoriale. La gouvernance participative sera mise en pratique sur tous les chantiers entrepris dans le cadre du Sénégal Entreprenant et Solidaire.

330. De nouveaux quartiers mis en place dans les communes ou dans les villes modernes nouvellement lancées vont allier sécurité, confort, modernité, mobilité, écologie,

solidarité, innovations et développement durable dans le but de corriger les tares d'une urbanisation anarchique et d'une cantinisation et de bidonvilisation de nos centres urbains et périurbains.

331. Les constructions nouvelles vont utiliser des matériaux locaux et vont tenir compte de nos diversités culturelles et géographiques. Des normes architecturales vont être définies et des cahiers des charges rigoureusement élaborés et traduits en plusieurs langues vont faciliter la mise en pratique des politiques publiques.

332. Notre programme accroît l'efficacité de l'action publique au niveau local par la mise en application du principe de subsidiarité consistant pour l'État central à se décharger de toutes les compétences qui peuvent être mieux gérées au niveau local, soit par les collectivités locales elles-mêmes, soit par les autorités administratives déconcentrées.

333. L'administration centrale sera dotée des compétences de conception, d'impulsion, d'orientation, d'évaluation et de contrôle tandis que les structures locales (déconcentrées ou décentralisées) devraient disposer de toutes les autres compétences, notamment, celles de mener la territorialisation des politiques publiques.

334. Nous allons en effet dépasser la dimension administrative actuelle de la décentralisation par l'émergence de collectivités de grande envergure, territorialement et financièrement viables, résolument tournées vers le développement et préservées des contingences politiques.

335. Des concours seront organisés pour l'admission dans les différents corps de fonctionnaires des collectivités locales. La gestion des ressources humaines des conseils territoriaux et des collectivités territoriales se fera de manière professionnelle.

336. Des outils de gestion performants seront utilisés pour évaluer les performances, suivre la carrière des agents, leur avancement, dérouler un plan de formation permanente et optimiser la gestion des effectifs et la masse salariale qu'il faudra maîtriser.

337. Un organigramme-type pour chaque ordre de collectivité locale sera modélisé et adapté à chaque cas pour une plus grande efficacité organisationnelle.

338. Nous allons instaurer une gestion prévisionnelle des effectifs et des carrières et un bilan social annuel dans les toutes les collectivités territoriales sera établi.

339. La fonction publique d'État sera harmonisée avec la fonction publique locale permettant ainsi l'établissement de passerelles entre les deux, comme pratiquée avec succès au Maroc.

340. Seront également renforcées les ressources humaines des méga-régions en effectifs et compétences dans les domaines structurants (planification, aménagement du territoire, constructions d'infrastructures de niveau méga-régional, etc.).

341. La loi sur la fonction publique locale ainsi que ses incidences financières sur les collectivités territoriales vont

être adaptées au nouveau contexte. Également, le dispositif national paritaire de formation des acteurs locaux sera consolidé.

342. Au niveau de l'administration décentralisée, le mode de gestion des projets d'investissements sera amélioré. Les marchés vont être passés conformément à la réglementation nouvelle qui va impliquer les conseils territoriaux ou les collectivités bénéficiaires.

343. Des dispositions additionnelles vont encadrer l'implication des conseils territoriaux et des collectivités territoriales et préciser les rôles entre les parties prenantes : État, bailleurs, communes, représentants de l'État, services techniques, et organisations citoyennes.

344. Il sera acté le principe de la participation des collectivités territoriales dans la mise en place du dispositif de contrôle et un suivi régulier des entrepreneurs et fournisseurs, la définition des modalités et/ou modes d'exploitation, l'installation des chantiers, le contrôle des travaux, les réunions de partage, la réception des ouvrages. Une bonne appropriation des ouvrages sera assurée.

345. Les bénéficiaires pourront contrôler en permanence l'exécution des travaux proprement dits en conformité avec les plans visés et exiger une planification rigoureuse pour l'entretien et la maintenance des ouvrages par les communes ou les conseils territoriaux concernés. Ils veilleront à la rationalisation des ressources par une gestion durable, concertée et judicieuse.

346. L'État se chargera de la gestion des compétences de souveraineté (justice, monnaie et finances, diplomatie, défense et sécurité nationale), de la définition des grandes orientations des politiques nationales, de la construction des infrastructures d'intérêt national (ports, aéroports, autoroutes, chemins de fer, transports maritime et fluvial, etc.), de la collecte et de la répartition des ressources financières nationales affectées aux domaines à compétences transférées.

347. Nous donnerons une orientation plus économique à la politique de décentralisation en conférant aux collectivités territoriales des compétences dans la gestion des domaines économiques (industrialisation, élevage, agriculture, tourisme, pêche, artisanat, commerce, services, culture, sport, numérique, transport, etc.).

348. Des ressources publiques vont être mobilisées au niveau des méga-régions pour innover dans le domaine des transports et de la mobilité à coûts réduits. Les Conseils territoriaux vont soutenir la mise en place de véhicules électriques pour assurer le transport public de masse dans les zones urbaines et l'utilisation à grande échelle de vélos modernes à pédales avec des circuits réservés et sécurisés pour aider les jeunes apprenants et les artisans qui le souhaitent à être plus autonomes dans leurs déplacements scolaires, universitaires ou professionnels.

349. De nombreux jeunes utilisent déjà ce mode de transport dans la région sud du Sénégal. Ce modèle écologique de transport sera amplifié et généralisé avec des

usines de production, d'assemblages, de maintenance made in Sénégal.

350. Les méga-régions seront chargées de l'adaptation, au niveau local, des politiques nationales, de compétences générales dans les affaires ne relevant pas des domaines de souveraineté, de compétences exclusives dans des domaines identifiés, de la construction des infrastructures d'intérêt méga-régional et/ou départemental et/ou communal et du transfert de la gestion aux échelons communaux.

351. Les communes se chargeront de la gestion des affaires de proximité et des compétences transférées dans certains domaines, de la gestion exclusive de certains domaines (bourse, aides et secours, solidarités diverses, etc.).

352. En ce qui concerne le financement de la déconcentration - décentralisation, une mobilisation exceptionnelle de ressources financières sera effectuée pour accélérer le processus du développement local intégral des 5 régions territoires.

353. Nous veillerons au respect de l'autonomie financière des collectivités territoriales, d'abord en basculant des ressources publiques importantes du Budget national, d'au minimum 500 milliards de FCFA par an au profit de chaque méga-région, ensuite en instituant une fiscalité propre à chaque ordre, tout en allant progressivement vers la décentralisation de la chaîne fiscale et enfin en percevant des dividendes et divers revenus tirés des prises de participations des Conseils territoriaux dans le capital des entreprises

notamment les multinationales rentables installées dans le périmètre de la méga-région. L'économie mixte sera promue.

354. De plus, nous allons accroître les ressources servant à alimenter les fonds de transfert (fonds de dotation de la décentralisation et fonds d'équipement des collectivités locales) tout en responsabilisant les collectivités locales dans leur répartition. Une partie de la TVA alimentera les fonds et le taux affecté sera déterminé sur la base d'une évaluation du coût réel des compétences transférées, des charges de fonctionnement de la méga-région et du département et des besoins en investissements.

355. Nous envisageons de fusionner ces deux fonds pour en faire un fonds d'impulsion du développement local destiné à prendre en charge aussi bien le fonctionnement (entretien de l'existant) que l'investissement (financement des outils de planification) des collectivités territoriales.

356. Seront institués :

- Un cadre juridique propice au développement de l'emprunt par la création d'une institution bancaire dont le capital social sera constitué par les participations de l'État, des Conseils territoriaux, de l'Agence du développement municipal et du secteur privé.
- Et un fonds de garantie des emprunts des collectivités territoriales pour leur permettre d'accéder aux marchés financiers nationaux et internationaux. Cette banque sera prioritairement destinée à financer les projets des Conseils Territoriaux et Collectivités territoriales.

357. Pour une amélioration du système fiscal local nous allons décentraliser la chaîne fiscale au niveau des collectivités territoriales et rapprocher l'administration fiscale centrale à proximité des localités en établissant des centres fiscaux dans les départements et en déployant des services de la Direction Générale des Impôts et Domaines au niveau des départements et des méga-régions. C'est tout l'intérêt de la déconcentration que nous proposons.

358. Nous allons affecter aux Conseils territoriaux, l'intégralité des impôts et taxes partagés avec l'État (CGU, CGF, taxe de promotion touristique, produit des amendes de simple police, taxe sur la plus-value immobilière, etc.) ainsi que tout ou partie de certains impôts et taxes actuellement perçus au profit de l'État exclusivement (produit des droits d'enregistrement et de timbre, produit de la redevance sur l'accès ou l'utilisation du réseau des télécommunications publiques (RUTEL), contribution spéciale sur les produits des mines et carrières (CSMC), etc.).

359. Un cadre d'échanges sera instauré entre les sociétés concessionnaires de la gestion et de la distribution de l'eau, de l'électricité et du téléphone, l'État et les conseils territoriaux pour tracer l'assiette et le recouvrement des impôts et taxes au profit des Collectivités territoriales et pour suivre l'évolution du chiffre d'affaires des sociétés concessionnaires à la fin de chaque exercice en exploitant par exemple le fichier des Abonnés et celui des factures acquittées.

360. D'autres mécanismes de financement seront institués au niveau de la Banque Nationale de Développement Économique (BNDE) et de la Banque de l'Habitat du Sénégal (BHS) avec un guichet dédié au financement des projets d'investissements des conseils territoriaux et collectivités territoriales.

361. L'État mettra en place une ligne de crédit Fonds Souverain d'Investissements Stratégiques (FONSIS) et/ou Fonds de Garantie des Investissements Prioritaires (FONGIP) destinée à la garantie ou au refinancement des engagements pour accéder aux crédits et aux garanties bancaires.

362. Nos collectivités territoriales sont en effet confrontées à une baisse de leurs recettes fiscales, à commencer par celles issues d'impôts reposant sur l'activité économique quasi insignifiante dans nombre de collectivités.

363. Le désert industriel est une réalité dans notre pays. L'appui des collectivités territoriales doit permettre de déployer l'investissement industriel public en tenant compte de l'environnement et du développement durable, jusque dans les collectivités enclavées.

364. Dans cette perspective, une politique soutenue de décentralisation, avec l'octroi aux collectivités territoriales des moyens financiers et juridiques à la mesure de leur rôle, doit être à la base d'une redéfinition de l'action économique de l'État au niveau des régions territoires pour un développement harmonieux, équitable et solidaire de l'ensemble du territoire.

DES MESURES PRATIQUES POUR ACCOMPAGNER LA RÉFORME FONCIÈRE

365. La transformation des permis d'occuper en titres fonciers sera effective, de même que la systématisation de l'utilisation des TIC pour informatiser et numériser les documents fonciers et cadastraux.

366. Les compétences, les moyens en géomatique et géolocalisation foncières vont être renforcés. Sera mise en pratique une cartographie complète, dynamique, évolutive, interactive pour géolocaliser chaque m2 du territoire.

367. Des ressources importantes seront mobilisées pour moderniser les conservations foncières, les commissions domaniales et services dédiés afin de rendre plus équitable et plus transparente l'accès à la terre des différents segments de la population notamment certaines populations vulnérables comme les femmes du monde rural et certaines catégories socioprofessionnelles jusque-là insuffisamment dotées (paysans, artisans, mécaniciens, menuisiers, etc.). Ces acteurs socio-économiques qui contribuent de façon significative à la

formation du Produit Intérieur Brut (PIB) devront être pris en compte.

368. Nous allons redéfinir le rôle et la composition de la Commission de contrôle des opérations domaniales qui est la cheville ouvrière de la gestion des terres.

369. De même, des allocations budgétaires spécifiques serviront à renforcer les capacités des acteurs judiciaires en matière foncière. À cet effet, le maillage du territoire en maisons de justice étant proposé par la (Commission Nationale de Réforme Foncière) CNRF, il faudra veiller le cas échéant à y placer des ressources humaines compétentes et qualifiées compte tenu de la complexité et de la technicité que la question foncière requiert.

370. Des mesures conservatoires seront conçues pour régler les conflits souvent violents, parfois meurtriers, nés des litiges et contentieux sur le foncier, qui couvent dans de nombreux cas depuis une assez longue période entre les populations, afin de construire une paix et une stabilité civile et sociale durables dans les zones géographiques concernées.

371. Pour faire face aux conflits entre éleveurs et paysans, des répliques du Ranch de Doli seront aménagées dans chaque méga région. Ces espaces de repli seront déployés dans des superficies importantes et seront correctement équipés. Un organe de gestion sera mis en place pour assurer une exploitation adéquate. Tous les acteurs seront impliqués dans l'organisation et la gestion concertée de ces domaines collectifs.

372. Les impôts locaux seront mobilisés pour alimenter les budgets des collectivités territoriales (le cadastre fiscal constitue à la fois un levier pour l'élargissement de l'assiette fiscale et un instrument de recensement des propriétaires et d'évaluation des immeubles).

373. L'Observatoire du foncier créé sera consolidé, ses missions élargies.

Par exemple, sera rajoutée une mission de veille et de contrôle de la bonne application de la législation en matière foncière et domaniale, notamment dans l'attribution des terres.

374. Nous allons poursuivre le dialogue et les consultations avec l'ensemble des parties prenantes, (société civile, secteur privé, élus locaux, chefs coutumiers, administration centrale et déconcentrée), afin de gérer de façon équitable et durable, ce patrimoine unique et non étirable qu'est la terre du Sénégal, pour les générations actuelles et futures.

375. Également, la Société Nationale SN HLM et la Société Anonyme SICAP SA seront mieux gérées à travers une restructuration, recapitalisation, dotation adéquate en capitaux propres et ouverture du capital, pour qu'elles deviennent durablement compétitives et rentables. L'accès à la terre leur sera facilité afin de promouvoir massivement l'habitat social et bannir les pratiques courantes de spéculation foncière.

QUATRIÈME PILIER

GARANTIR LES SERVICES PRIORITAIRES UNIVERSELS

376. La quatrième partie concerne la garantie des services prioritaires universels (santé, éducation & formation, habitat & cadre de vie, eau, électricité, protection sociale & solidarités, télécommunications, mobilités). Le rôle de l'État est fondamentalement d'assurer le bien-être des populations dans la sécurité et l'équité.

377. Pour cela, les ressources publiques doivent être affectées aux priorités nationales. Les insuffisances et les déséquilibres concernant ces secteurs vitaux sont documentés et les manifestations du mal-être récurrentes depuis plusieurs décennies. Le vivre mieux ensemble ne doit pas être un simple slogan de communication politique.

378. La Constitution pose les principes d'équité par exemple le droit à la santé, à l'éducation et en donne l'assurance. Cependant les insuffisances dans ces domaines sont abondantes et nombre de nos compatriotes vivent au quotidien dans des conditions difficiles voire précaires. L'Agence Nationale de la Statistique et de la Démographie (ANDS) publie régulièrement des données sur les indicateurs socio-économiques et démographiques qui laissent apparaître l'ampleur des défis à relever pour un mieux vivre ensemble.

379. Des progrès substantiels sont enregistrés au niveau des zones urbaines dans le domaine de la sécurité, de l'électricité et des télécommunications et dans bien d'autres domaines (santé, éducation-formation, habitat, eau, électricité, protection sociale, mobilité) les insuffisances sont palpables et le niveau global de couverture des besoins des populations est bas surtout en zone rurale.

LA SANTÉ : UN BIEN SUPÉRIEUR

380. Notre objectif est l'accès des populations à un service public de santé performant. Accueil, prise en charge, diagnostic, traitement, prévention, suivi des patients, assistance, urgences sont des services de santé que notre État doit assurer aux populations sur l'ensemble du territoire.

381. Les errances de diagnostic, les errances thérapeutiques, les urgences médicales défaillantes sont nombreuses, les rapports entre les patients, leurs familles et le corps médical ne sont pas toujours satisfaisants notamment en ce qui concerne la prise en charge de certaines maladies qui nécessitent une approche multidisciplinaire. Nombre de praticiens restent isolés dans leurs certitudes et protocoles de soins.

382. Établir la carte sanitaire et l'utiliser comme référence lors des allocations des ressources. Améliorer le financement du secteur par la mobilisation des ressources adéquates, et porter le budget du ministère en charge de la santé à 20 % au minimum du budget de l'État.

383. Le Problème de la santé n'est pas seulement clinique il est aussi politique. Nous allons réévaluer les budgets des hôpitaux pour faire face à la crise structurelle. La fonction première de l'hôpital public est d'accompagner et de soigner les patients quelles que soient leurs conditions. Notre système de santé doit tenir compte des vulnérabilités des patients.

384. Doter le Ministère en charge de la santé de moyens requis pour garantir son efficacité et sa performance :

- Payer la dette que l'État doit aux structures de santé.
- Élaborer et adopter la mise en œuvre du code de la santé publique et d'un document de politique publique de santé au Sénégal.
- Créer des directions régionales de la santé et de l'action sociale pour compléter l'approche médicale et mieux opérationnaliser la dimension prévention.
- Mettre en place un système d'informations avec mise à jour des données statistiques en matière de santé (collecte, traitement, stockage et exploitation).
- Promouvoir la recherche médicale. L'État doit accompagner les chercheurs, universitaires et scientifiques en leur allouant les ressources nécessaires à leurs activités au sein des laboratoires.

385. Des ressources publiques importantes vont être mobilisées pour corriger les dysfonctionnements, réduire les inégalités, faire face au manque de moyens et prendre en

charge correctement les personnes aux conditions modestes. Sur le plan administratif, des mesures correctrices vont être mises en pratique pour simplifier les formalités. Il y a trop de paperasses et peu de soins, aucun suivi dans le dossier administratif des patients et un cloisonnement entre services et entre établissements de santé.

386. Des dispositions spécifiques vont être prise pour accroître les performances de la gouvernance sanitaire :

- Procéder à une allocation optimale des ressources favorisant la protection des groupes vulnérables.
- Promouvoir des comportements et des modes de vie sains.
- Favoriser le développement de la télémédecine.
- Organiser et réglementer la médecine traditionnelle.
- Maintenir un dispositif d'alerte d'information, de sensibilisation, de prise en charge pour faire face aux pandémies.
- Renforcer des actions préventives afin de mieux faire face aux autres crises actuelles et futures.
- Rendre plus résilient et pérenne notre système de santé avec des services de qualité et performants.
- Renforcer les moyens logistiques, humains et techniques des services de maladies infectieuses et tropicales.
- Moderniser et digitaliser la gestion du système de santé pour une meilleure gouvernance des établissements

publics de santé. Les technologies numériques seront utilisées dans les activités de télémédecine et d'informatisation des dossiers des patients.

- Réviser, en urgence, le statut du Service national de l'hygiène et poursuivre des efforts relatifs au renforcement de ses moyens matériels et humains ainsi que son accessibilité, surtout par rapport au monde rural.

387. Impliquer les conseils territoriaux et les collectivités territoriales dans la conception, la planification, la mise en œuvre, le financement et le suivi-évaluation du plan stratégique national de santé communautaire et des actions de santé au niveau des territoires. Certaines localités sont mieux dotées que d'autres qui sont dans un véritable désert médical.

388. Calibrer le système de santé et corriger le manque de soignants. Adopter un organigramme fonctionnel, définissant clairement le parcours du malade dans chaque structure sanitaire et assurant la qualité de l'accueil et de la prise en charge aussi bien du malade que de l'accompagnant.

389. Développer des programmes structurants, dans le moyen et long terme, en lieu et place des interventions ponctuelles pour optimiser le développement des structures sanitaires, la mutualisation et la rationalisation de l'utilisation des ressources et le soutien aux solutions innovantes à haute portée économique, sociale et sécuritaire comme la digitalisation.

390. Au niveau des ressources humaines :

- Intégrer dans le code de déontologie du personnel de santé, l'humanisation des soins, le respect du patient, l'empathie, la culture de l'humilité, le dialogue entre praticiens surtout dans des contextes d'augmentation des maladies chroniques ou de pandémie où les populations ont plus besoin de la confiance du personnel médical que d'approximations sur les diagnostics ou sur les thérapies.
- Améliorer la formation des médecins et des autres personnels soignants.
- La rémunération est source d'attractivité et de motivation. Les salaires des paramédicaux et des infirmières sont bas et devront être revus à la hausse pour éviter la démotivation et la propension à la corruption.
- Le déficit en médecins spécialisés est connu et devra être comblé à moyen et long termes. Il s'agit notamment de recrutement massif de cardiologues, urologues, urgentistes, cancérologues, radiologues, neurologues, neurochirurgiens, chirurgiens, dermatologues, sexologues, gynécologues, néphrologues, ophtalmologues, chirurgiens-dentistes, etc.
- Exploiter les opportunités offertes par le système LMD pour résorber le gap en ressources humaines qualifiées, en favorisant l'émergence de corps intermédiaires comme à Cuba, en Chine, etc.

391. Concernant les installations et équipements des établissements publics de santé :

- Relever les plateaux techniques des structures conformément aux standards.
- Mettre en place une grande école de maintenance hospitalière.
- Réhabiliter les centres délabrés comme le centre Marc Sankalé.
- Construire un l'Institut de rhumatologie.
- Construire un centre de rééducation fonctionnelle.
- Construction de quatre (4) grands centres hospitaliers dans les 4 méga-régions (exception faite pour la méga-région Grand Ouest) en y incluant un service moderne d'oncologie pour soulager les malades et leurs familles et limiter les évacuations sanitaires fréquentes et coûteuses pour nos populations et notre économie.

392. Développer un programme spécial des laboratoires en créant un laboratoire public de référence au niveau de chaque méga-région et, à terme, dans chaque capitale départementale et en révisant le statut des laboratoires publics en vue de l'évolution de leurs domaines de compétences.

393. En matière de santé de la mère et de l'enfant, recruter massivement des ressources humaines qualifiées et spécialisées afin d'améliorer la gestion des urgences néonatales, pédiatriques et obstétricales, en assurant la disponibilité de ressources humaines qualifiées en milieu rural. Développer la recherche et des programmes de

formation innovants pour la promotion de politiques durables en matière de nutrition.

394. Au niveau de la distribution des médicaments, l'insécurité notée dans la distribution de médicaments par des paramédicaux et des infirmiers sans prescription médicale va être corrigée par une organisation interne et un protocole strict. Les paramédicaux voient de fait leur champ de responsabilité élargie par des actes au quotidien. Ce qui accroît les risques et l'insécurité.

395. Concernant les maladies rares ou maladies orphelines (1 sur 2000), seront mis en place un registre national, un comité national de dépistage et des essais cliniques en collaboration avec des centres de référence des pays partenaires pour répondre à l'isolement et à la solitude des patients et de leurs familles qui voguent désespérément entre négligences, errances de diagnostic et errances thérapeutiques payées au prix fort le plus clair du temps (car les consultations et les analyses en laboratoires prescrites sont sans fin…).

396. Nous proposons une approche multidisciplinaire et équipe pluridisciplinaire pour la prise en charge de ces pathologies.

397. Concernant les déficients mentaux, une réponse globale sera apportée et des ressources seront mobilisées pour créer des établissements spécialisés pour améliorer la prise en charge et le suivi des patients.

398. La question des déchets hospitaliers reste un défi. Un procédé de collecte et de traitement conforme aux normes sera mis en place dans toutes les structures de santé du pays.

399. Mobiliser des ressources publiques pour accompagner et consolider le sous-secteur privé de la santé afin d'élargir le plateau technique et les offres de soins. De même, le secteur privé national sera encouragé à produire des médicaments génériques et des matériels médicaux.

Protection sociale et solidarités

400. Nous allons créer de nouveaux régimes contributifs volontaires par capitalisation ainsi que la prise en charge des travailleurs de l'agriculture, de l'artisanat, de la culture et des arts avec mise en place d'un revenu minimum garanti (revenu de solidarité) et d'une pension de retraite minimale pour certaines catégories d'acteurs socio-économiques et certaines catégories du troisième âge en situation de précarité ou de vulnérabilité.

401. Sera créé un Organe institutionnel en charge des personnes vivant avec un handicap. La prise en charge sera effective quelle que soit la source du handicap (mutilés de guerre, accidentés de la route ou du travail, invalides).

402. Concernant les droits des filles et des femmes, les mesures suivantes seront consolidées :

- Relèvement de l'âge minimum pour le mariage à 18 ans chez la fille, comme le préconise le comité africain des experts sur les droits et le bien-être de l'enfant, à la suite de l'examen du rapport initial du Sénégal en 2011.

- Révision de la subsistance de la « puissance maritale » sur la femme
- Choix concerté de la résidence du ménage.
- Institution de la parité absolue homme-femme, pour intégrer des dispositions permettant d'assurer l'effectivité de la parité dans les bureaux des Collectivités territoriales.
- Adoption de dispositions particulières de protection au profit des jeunes filles et femmes employées de maisons.

403. Nous allons allouer des ressources additionnelles et élargir le champ de compétences de l'Observatoire national de la Parité en lui conférant un pouvoir de régulation et d'accès aux données.

404. Les organisations féminines seront soutenues en moyens logistiques et ressources financières et humaines, afin de leur permettre d'assurer la formation des femmes et des jeunes filles, de renforcer les capacités économiques des femmes, de promouvoir et de vulgariser les « boutiques du droit » à travers le pays, de lever les contraintes d'accès à la terre, aux intrants et aux outils de production auxquelles elles font face.

405. Nous allons consolider à partir du Code de l'enfant élaboré les dispositifs pour l'effectivité des droits de l'enfant. Également seront renforcées les initiatives d'apprentissage à la citoyenneté, à l'exemple des « gouvernements scolaires » qui seront institutionnalisés et les capacités des structures communautaires de protection et de prise en charge des droits de l'enfant (comités villageois de protection, comités de

quartier de protection, comités locaux de protection...), à travers une approche centrée sur les communautés. Les Conseils territoriaux en feront une priorité en matière de gouvernance locale de protection et de solidarité.

406. Concernant les enfants en situation de précarité, des mesures vont être appliquées avec rigueur et détermination :

- Accélérer le processus de retrait et de réinsertion des enfants de la rue.
- Lutter contre l'exploitation des enfants par la mendicité, en réalisant sur le terrain un plan d'éradication de la mendicité des enfants sur l'ensemble du territoire.
- Diversifier les offres éducatives au niveau des daaras et améliorer certaines modalités, en matière de gestion pédagogique et administrative.

407. Concernant les familles vulnérables, elles seront autonomisées afin de freiner la transmission intergénérationnelle de la pauvreté, en articulation avec le programme de revenus de solidarité et les services sociaux habilités. Seront renforcés les structures d'accueil, les moyens logistiques et les budgets des services sociaux spécialisés ainsi que les capacités techniques d'intervention des travailleurs sociaux, des forces de sécurité, pour agir efficacement sur tous les secteurs concernés au niveau du territoire.

408. Nous allons renforcer la coopération avec les pays limitrophes pour l'élaboration de stratégies transfrontalières en matière de lutte contre le trafic des enfants et pratiques

assimilées (mendicité) et les pratiques traditionnelles néfastes (excision, mariages d'enfants, vols d'organes, rapt, etc.).

409. Concernant la couverture sociale des travailleurs migrants nous allons améliorer des offres de services en matière d'assistance sociale et judiciaire, en tenant compte du statut du migrant dans les pays d'emploi et nous allons négocier des conventions avec les pays accueillant les travailleurs migrants sénégalais pour le reversement des cotisations de retraite et diverses prestations dues.

ÉDUCATION, FORMATION ET ENSEIGNEMENT SUPÉRIEUR

410. Faire des écoles primaires de véritables centres d'éducation pour la détection des talents et des vocations. Mener les réformes suivantes :

- Introduction des langues nationales dans le système éducatif.
- Intensification de l'enseignement des sciences, des mathématiques et des technologies.
- Mise en œuvre des programmes de modernisation des daaras.
- Résorption des abris provisoires à tous les niveaux.
- Mettre en place un système motivant et réaliste de rémunération des agents de la fonction publique.

411. Nous proposons la mise en place progressive d'un système de recrutement sélectif et exigeant des enseignants. Les concours ou examens d'entrée des candidats tiendront compte à moyen terme du niveau d'études au minimum bac

+ 4 ou 5 et/ou d'une expérience professionnelle validable au profit des apprenants accompagnée d'une solide formation pédagogique. Nous estimons en effet qu'il est fondamental de faire accompagner les plus petits enfants comme les plus grands par des ressources humaines bien formées et dotées d'un haut niveau d'instruction. Le niveau de rémunération sera conséquent et motivant.

412. Rendre plus compétitives les universités publiques et privées, consolider les acquis et intensifier les réformes :

- Consolider le système d'enseignement supérieur des sciences, de la technologie et des formations professionnelles courtes.
- Renforcer la carte universitaire pour favoriser l'accès, la diversification de l'offre de formation et la qualité des enseignements apprentissages.
- Utilisation des TIC pour le développement de l'enseignement supérieur et de la recherche.
- Améliorer le pilotage du système d'enseignement supérieur et de recherche.
- Mobiliser des ressources pour la recherche et l'innovation.
- Créer une structure de contrôle de la qualité des offres de formation professionnelle et technique, au niveau moyen-secondaire, en s'inspirant de l'ANAQSUP.
- Procéder à une évaluation régulière de la professionnalisation des filières d'enseignement et de formation.
- Disposer de données statistiques fiables et actualisées sur la situation de l'enseignement technique et de la formation professionnelle au Sénégal.

413. Promouvoir la formation duale, alternance école entreprise en vue de son institutionnalisation.

- Mettre en place un système d'information et de communication qui intègre toutes les données relatives aux besoins de qualification, aux offres de formations disponibles par filières et métiers, aux flux financiers.
- Renforcer l'orientation professionnelle et l'étendre à la formation continue des travailleurs.
- Réguler l'offre privée de formation professionnelle et accorder aux structures habilitées, disposant d'un contrat de performance, une subvention de l'État.

414. Mobiliser des ressources financières, techniques et humaines pour combler les insuffisances récurrentes concernant :

- L'inadéquation de la professionnalisation de l'offre de formation supérieure.
- La non-employabilité des diplômés.
- La gouvernance partenariale en faveur du renforcement des liens entre les établissements de formation et le monde des entreprises.
- L'instauration d'un environnement des affaires favorable à la productivité des entreprises et aux relations avec les universités, instituts et centres de formation.
- Le défi de la rationalisation et de l'harmonisation des organes de gestion des relations école-entreprise.

- L'articulation cohérente entre les différents niveaux supérieur, moyen-secondaire, entre le formel et l'informel.

415. Doter les établissements de formation et d'enseignement supérieur des infrastructures et équipements appropriés (machines, outils et autres technologies) pour les applications pratiques.

416. Élargir la Validation des Acquis de l'Expérience (VAE) en établissant des règles et en veillant à leur application rigoureuse.

417. Faire évoluer les « daaras » modernes qui intègrent un centre de formation technique et professionnelle selon un programme préétabli.

418. Recruter des personnes en situation de handicap, systématiser le départ anticipé à la retraite ou la reconversion professionnelle des séniors exerçant certains métiers pénibles pouvant avoir un impact négatif sur leur santé.

419. Créer et mettre à jour le nouveau répertoire national des métiers et emplois qualifiés et un observatoire national de l'emploi et de la formation professionnelle.

420. Mettre en place un guichet unique pour la formation professionnelle et technique en vue d'un meilleur encadrement et développement du système de financement, notamment la mobilisation des contributions attendues du secteur privé, des PTF et des collectivités territoriales.

421. Construire une nouvelle gouvernance du système impliquant élèves et étudiants, en tant qu'acteurs centraux dans la gestion des établissements scolaires et universitaires.

422. Construire, autour de la centralité de l'apprenant (élève ou étudiant), un consensus autour du respect du quantum horaire par tous les acteurs du système éducatif, à travers un pacte de pacification durable de l'espace scolaire et universitaire.

423. Fusionner tous les segments de l'éducation en un seul département ministériel en vue d'une meilleure cohérence des offres et d'une plus grande efficacité et transparence dans le suivi diligent des programmes, des performances et des budgets.

424. Moraliser l'espace scolaire et universitaire en veillant à éradiquer toute propagande politique et religieuse dans le respect strict du caractère laïc de l'espace scolaire et universitaire sans préjudice pour la liberté de culte.

425. Assurer le règlement définitif du problème récurrent de retard des salaires des personnels, des enseignants et des bourses des étudiants par leur paiement à date prévue.

426. Valoriser le statut du médiateur de l'Université, renforcer ses moyens d'action et institutionnaliser un cadre de dialogue permanent au niveau de chaque structure afin d'anticiper les crises.

427. Élaborer de manière consensuelle un règlement intérieur qui détermine le comportement de chacun au sein des universités et des écoles et organiser régulièrement des élections transparentes de représentants aux diverses instances délibérantes.

ÉRADIQUER L'ANALPHABÉTISME ET PROMOUVOIR LES LANGUES NATIONALES

428. Éradiquer l'analphabétisme et promouvoir l'inclusion sociale à partir des dispositions pratiques suivantes :

- Utiliser des langues nationales en tant qu'option claire de l'État pour combattre l'analphabétisme.
- Définir les langues d'alphabétisation.
- Mobiliser les ressources budgétaires pour réaliser et pérenniser le projet.

429. Créer un organe institutionnel, dispositif de pilotage et cadre de concertation des structures s'activant dans la promotion de l'alphabétisation et des langues nationales dans une approche holistique.

- Intégrer la formation d'inspecteurs spécialisés dans la pédagogie des langues nationales, dans les plans de formation de la FASTEF, de même que la certification institutionnelle des compétences acquises dans les enseignements apprentissages non formels et l'établissement des équivalences par rapport aux offres formelles.

- Développer des applications installables dans les appareils de téléphones ou ordinateurs ou autres pour faciliter l'apprentissage des langues nationales.

430. Utiliser des infrastructures existantes et en construire de nouvelles au niveau des méga-régions sur l'ensemble du territoire national pouvant servir à l'alphabétisation : écoles du système éducatif national, maisons et foyers des jeunes et de la culture, centres culturels, centres départementaux d'éducation populaire et sportive (CDEPS).

431. Promouvoir les langues nationales à partir les mesures suivantes :

- Traduire dans les langues nationales des textes officiels (la constitution, les lois, ainsi que certains codes comme le Code de la route, le code de l'environnement, celui de l'hygiène, etc.).
- Valoriser les langues nationales dans les cades formels ainsi que la création d'un environnement lettré incitatif en langues nationales nécessaire pour l'apprentissage.
- Généraliser l'introduction des langues nationales dans le système éducatif (le développement socio-économique est naturellement plus accessible dans une langue nationale).

Habitat, cadre de vie et érosion côtière

432. Améliorer la qualité de l'assainissement et des eaux :

- Prendre en compte l'assainissement dans la construction routière (le tuyau avant le bitume).
- Élaborer des plans directeurs d'assainissement dans toutes les collectivités territoriales.
- Élaborer une nouvelle loi sur les loyers en luttant contre les stratégies de contournement.
- Lutter contre le renchérissement du loyer et l'occupation des zones non viabilisées et non habitables.
- Renforcer les moyens de la direction de surveillance et de l'occupation des sols pour une meilleure application des dispositions réglementaires dans le domaine de la construction des bâtiments et immeubles.

433. Nous proposons une approche globale et concertée de la gestion de l'érosion côtière (approche environnementale). En effet, l'État doit mener une action

concertée d'analyses des enjeux et d'études des stratégies de réduction de la vulnérabilité par des mesures de gestion du risque et d'interdiction de la localisation future d'installations dans les zones soumises à forts aléas. Comme ces actions ont un coût, elles doivent être précédées d'une réflexion rigoureuse sur l'ampleur du phénomène et les enjeux des espaces à protéger.

434. Tous les acteurs concernés par la problématique, à des degrés différents, participeront à la gestion du littoral, de façon directe ou indirecte, à une démarche intégrée et concertée (schémas de gestion, plans de gestion de la ressource) afin de :

- Sécuriser le littoral, compte tenu du niveau avancé de sa dégradation.
- Interdire formellement tout prélèvement de sédiments.
- Conserver des zones forestières littorales.
- Planter des forêts de filaos sur les hauts de plage et les dunes littorales.
- Restaurer la végétalisation des plages et des mangroves dégradées.
- Détruire les ouvrages modifiant les dérives littorales et bloquant les transits sédimentaires.
- Aménager les espaces dans le respect de l'environnement des populations locales et des villages de pêcheurs vivant aux alentours.

- Aménager des zones dédiées aux activités nuisibles à la faune et la réduction de l'impact visuel (occupation du littoral, bétonnage, etc.).

HYGIÈNE PUBLIQUE, GESTION ET VALORISATION DES DÉCHETS ET PROTECTION DES ÉCOSYSTÈMES

435. Nous préparons une loi-cadre sur la gestion des déchets solides en spécifiant les dispositions spécifiques par rapport aux déchets biomédicaux dangereux, industriels et réactualiser la législation en matière de production des plastiques non biodégradables et la promotion des sacs en papiers ou biodégradables.

436. Augmenter dans le budget des collectivités territoriales la ligne relative à la gestion des ordures ménagères sur la base d'une évaluation des charges et de créer une structure mixte ou haute autorité chargée des orientations politiques et stratégiques pour la gestion intégrée des déchets.

437. Rétablir le rôle du Service d'Hygiène dans la gestion de proximité de la salubrité et la coercition en cas de non-respect du code de l'Hygiène. Mettre en place un cadre de concertation entre les différents acteurs concernés par le

nettoiement, répliquer ce schéma organisationnel dans toutes les méga-régions du Sénégal et élaborer et valider la Convention Collective du Nettoiement, avec le recrutement du personnel et le respect des dispositions.

438. Mise en place de Centre d'Enfouissement Technique (CET) dans toutes les méga-régions et prévoir leur aménagement avec un dispositif de valorisation des déchets.

439. Instaurer le prix de la Citoyenneté pour les villes propres et organiser une journée nationale pour la propreté des villes.

440. Promouvoir l'intercommunalité et le partenariat entre méga-régions dans la gestion des ordures et mettre en place une politique de gestion des ordures ménagères sous-tendue par un système de gestion déléguée du nettoiement des voies et places publiques.

441. Recenser les pays aux industries productrices de sachets plastiques en vue de demander l'arrêt total de leur production et de leur importation au Sénégal à l'instar de la Mauritanie et du Rwanda.

442. Mettre en place un programme global d'information des populations et promouvoir des opérations de propreté dans le cadre d'une démarche concertée de gestion de l'environnement et du cadre de vie impliquant le secteur privé et les populations.

443. Élaborer et mettre en œuvre un programme de formation aux risques et aux techniques de protection de base (l'érosion côtière étant un phénomène évolutif avec des

phases de transgression et de régression marines) au profit des collectivités territoriales, des services déconcentrés de l'État et des usagers (de la pêche, du tourisme, de l'extraction de sable marin, etc.).

444. Mettre en place un fonds national de protection du littoral ainsi que des sanctions financières graduelles et redynamiser les redevances fiscales des occupants du littoral. Draguer continuellement les fleuves et les ports et mener des études techniques en vue de réparer la brèche de Saint-Louis.

445. Mettre en place des murs de protection, des brise-lames, des remblais, des digues et des murs de soutènement pour arrêter l'avancée de la mer.

446. Restaurer les formations naturelles dégradées en mettant en œuvre les mesures suivantes :

- Aménager et mettre en place des forêts communautaires.
- Poursuivre la création d'éco villages.
- Mettre en place des plans de gestion des écosystèmes marins et côtiers.
- Mettre en place des cadres multi-acteurs de suivi des plans d'atténuation des impacts négatifs liés aux activités extractives, identifiés dans les études d'impact environnemental et social des projets miniers.
- Étendre les aires marines protégées.
- Poursuivre le recrutement de personnels pour la gestion des forêts.

447. Améliorer la qualité de l'air avec le respect des normes de rejets.

448. Améliorer la gestion et l'aménagement urbains.

449. Augmenter la construction de logements sociaux.

450. Fermer les décharges publiques à ciel ouvert comme celle de Mbeubeuss et les remplacer par des centres d'enfouissement technique et de valorisation des déchets.

451. Mettre en œuvre la loi sur la biosécurité.

452. Renforcer les capacités en éducation environnementale et surtout sensibiliser les populations dans le cadre de la lutte contre les feux de brousse.

453. Procéder à une analyse approfondie de l'Accord de Paris par secteur à la lumière de la réalité sénégalaise afin d'en identifier les obligations et les opportunités.

454. Restaurer les terres salées et mettre en place des digues anti-salinisation.

455. Pour les financements Climat, identifier une institution financière nationale d'envergure et la soutenir pour l'obtention d'une accréditation du Fonds Vert Climat (FVC) pour la soumission de projets de grande taille à côté du Centre de Suivi Écologique accrédité par le FVC.

EAU ET ASSAINISSEMENT : DES SERVICES VITAUX

456. Pour une meilleure gestion des ressources en eau et une distribution équitable les dispositions suivantes seront prises :

- Redynamiser le Conseil supérieur de l'eau qui joue un rôle d'orientation, d'impulsion stratégique, d'harmonisation et d'arbitrage en matière de gestion des ressources en eau.

- Renforcer les moyens d'intervention de l'Office du Lac de Guiers (OLAG) et de l'Agence de Promotion du Réseau Hydrographique National (APRHN) dans le cadre de l'exécution en cours par les structures des projets de revitalisation des anciens cours d'eau asséchés tout en faisant recours au génie militaire, à la main d'œuvre pénale et aux organisations communautaires de base (OCB), en vue de consolider la résilience, valoriser le réseau hydrographique national et restaurer tous les écosystèmes liés à l'eau.

457. Mettre en place des cadres de concertation réunissant les différents départements ministériels intéressés par la gestion des ressources en eau (agriculture, hydraulique, pêche, élevage notamment).

458. Impliquer davantage les collectivités territoriales dans le dispositif de gestion des points d'eau.

459. Pour faciliter la disponibilité et l'exploitation des ressources en eau :

- Promouvoir la recherche scientifique ainsi que l'étude et l'enseignement de techniques d'irrigation plus économes en eau, efficaces, et accessibles aux producteurs familiaux (irrigation goutte à goutte avec un système d'exhaure utilisant l'énergie solaire ou éolienne).

460. Améliorer et conserver la qualité de l'eau dans les espaces agricoles soumis à la salinisation en érigeant des digues anti-sel ainsi que des barrages.

461. Renforcer la réglementation de l'exploitation des eaux et obliger les industriels à payer la redevance pour l'utilisation de l'eau prélevée directement sur les eaux de surface ou souterraines.

462. Poursuivre le programme de mise en place de bassins de rétention sur l'ensemble du territoire national et procéder à la collecte et au stockage des eaux de ruissellement en réalisant, à l'échelon local, des retenues collinaires, des micro-barrages, des digues et des becs de canard au niveau des ponts.

463. Nous allons répartir les ressources en eau dans l'espace par la valorisation des eaux souterraines, dans les zones faiblement fournies en cours d'eau (notamment dans la méga-région Grand - centre), et la promotion de l'équité et de l'égal accès des territoires aux technologies de développement de l'irrigation.

464. Intensifier la construction d'ouvrages structurants (forages, châteaux d'eau, réseaux multi-villages, transferts d'eau).

465. Impliquer, les Collectivités territoriales dans la densification et les extensions de réseaux.

466. Pour la valorisation d'un réseau hydrographique capable de garantir une disponibilité permanente en eau de qualité pour les populations et les acteurs économiques en milieu rural et urbain :

- Mener des actions de restauration des anciennes voies d'eau, de rétablissement et de protection des écosystèmes naturels.
- Restauration des voies d'eau asséchée (exemples : Saboya, Latmingué, Kahone, Mbirkilane, Kaffrine…) grâce à l'énergie solaire, ce qui remettra l'eau douce sur l'ensemble du territoire intérieur et limitera l'eau salée.
- Revitalisation des vallées fossiles.
- Rétablissement des écosystèmes naturels fragilisés par des décennies de sécheresse.

- Intensification des technologies de gestion des eaux pluviales.

467. Définir une véritable politique d'accès à l'assainissement des populations urbaines et rurales pour la préservation de la nappe et de l'environnement. Les ressources hydriques sont estimées à plus de 150 milliards de mètres cubes d'eau.

468. Nous proposons des programmes de remise à niveau des installations d'hydraulique rurale, couplés à une professionnalisation de l'entretien et de la maintenance ainsi qu'à une amélioration de la gestion de l'eau distribuée.

469. Réaliser des adductions d'eau prioritairement dans les zones où les taux d'accès par puits modernes sont élevés et valoriser les eaux de puits (ouvrage protégé, exhaure éolienne ou solaire, traitement local de javellisation de l'eau) dans les zones où elle est de bonne qualité.

470. En ce qui concerne la potabilité de l'eau :

- Maîtrise des prélèvements et des rejets sources de pollution afin de garantir la protection des ressources en eau à travers l'application des dispositions réglementaires du Code de l'eau en renforçant la police de l'eau et en tenant compte des normes de l'OMS.
- Amélioration des connaissances sur la problématique du fer (eau souterraine), l'impact des pesticides et des engrais (eau de surface et souterraine) et sur l'eutrophisation des plans d'eau (Lac de Guiers).

471. Assurer la veille permanente du Lac de Guiers face à l'eutrophisation et aux effets des changements climatiques (phosphore, azotes, augmentation de la température, lumière, etc.) ainsi qu'aux risques de prolifération de cyanobactéries avec les espèces d'algues toxiques qui produisent des toxines, perturbent le traitement de l'eau et génèrent des problèmes de goût et d'odorat.

472. Faciliter et accompagner des initiatives privées (notamment des ressortissants casamançais) pour la désalinisation de certaines vallées du Sud (l'exemple de Bona en Casamance).

473. Améliorer la disponibilité et l'accès à l'eau par :

- Le recours aux PME pour la gestion des services d'eau potable, ce qui permet de promouvoir la préférence nationale, lever des financements locaux et mieux répartir les revenus.

- Une prévention efficace des pénuries d'eau (à Dakar notamment) grâce à la constitution de réserves d'eau et la promotion d'une utilisation plus rationnelle de la ressource à travers des programmes d'information et de sensibilisation.

474. Développer et consolider l'initiative « un million de citernes pour le Sahel » lancée par la FAO en partenariat avec le ministère de l'Agriculture et de l'Équipement Rural, qui consiste en la construction de citernes de 50 m3 dans certaines zones rurales, en vue de recueillir les eaux de pluie pour les activités maraîchères de groupements de femmes.

475. L'exploitation de la troisième usine de Keur Momar Sarr (KMS3) qui est une solution durable face à l'accroissement soutenu de la demande à Dakar et ses environs.

476. Le recours aux énergies renouvelables (énergie solaire et éolienne notamment) pour faire fonctionner l'usine de dessalement de l'eau de mer, prévue aux Mamelles, en vue de sécuriser durablement la demande en eau potable à Dakar, Thiès et dans la Petite Côte ainsi que la mise en place de petites unités de dessalement et de potabilisation de l'eau notamment dans les zones de Kaolack et de Fatick.

477. Améliorer et renouveler le réseau de distribution d'eau dans les zones urbaines pour un meilleur rendement (le projet de l'usine de dessalement de l'eau de mer devrait assurer le renouvellement d'environ 420 kilomètres de réseau de distribution de Dakar), ainsi que l'amélioration du réseau de transfert d'eau.

478. Pour l'amélioration de la gouvernance de l'eau :

- Élaborer un Schéma Directeur d'Aménagement et de Gestion des Ressources en eau (SDAGE) dans chaque méga-région et de manière inclusive.
- Créer un cadre pérenne de gestion intégrée des ressources en eau (GIRE) par une implication du secteur privé surtout local dans la gestion, l'entretien, voire le financement des infrastructures hydrauliques en milieu rural.

- Créer un Observatoire de la qualité de l'eau qui aura, entre autres missions, la systématisation des points de contrôle de la qualité de l'eau par un procédé d'échantillonnage.

479. Évaluer les contrats de partenariat entre SEN EAU-SONES-État du Sénégal, d'une manière inclusive pour faciliter de nouvelles options au bénéfice des populations. Et pour un contrôle citoyen efficace et responsable :

- Promouvoir la transparence et la redevabilité au niveau de tous les services du secteur eau et assainissement.
- Faciliter l'accès des citoyens à l'information et mettre à leur disposition l'étude d'impact environnemental du projet de construction de l'usine de dessalement de l'eau de mer au niveau des Mamelles et de la cartographie des ouvrages réalisés en matière de fourniture d'eau.
- Mettre en place des associations d'usagers et un dispositif d'accès équitable à l'eau pour chaque usager.

480. Assigner aux services d'eau et d'assainissement, en plus de la performance, une ambition de dynamisme et de transparence.

- Inscrire la fonction de certification citoyenne dans l'organigramme des projets en eau et assainissement, afin d'amener l'opérateur à veiller à la conformité des processus développés, aux principes de la bonne gouvernance de l'eau et de l'assainissement dans les opérations quotidiennes mises en œuvre à travers les différents segments.

- Promouvoir des cadres de concertation et de participation citoyennes à toutes les échelles de gouvernance du secteur pour une meilleure définition et mise en œuvre des politiques

ÉNERGIE : UNE RESSOURCE INDISPENSABLE

481. Compte tenu de notre nouveau statut de pays pétrolier et gazier, des mesures seront mises en œuvre pour assurer une couverture complète en énergie (électricité et gaz) des besoins des populations sur l'ensemble du territoire. Nous allons créer des zones de stockage de produits finis dans les grands pôles économiques régionaux et surtout sur les corridors, tout en évitant que le stockage cohabite avec les habitations et d'augmenter le stockage de certains produits stratégiques.

482. Baisser les taxes sur les hydrocarbures afin d'avoir des prix à la consommation équivalents à ceux de la sous-région voire plus compétitive. Promouvoir les énergies vertes et rendre disponible l'énergie à des coûts compétitifs en accélérant la mise en œuvre du plan de réforme de la SENELEC.

TÉLÉCOMMUNICATIONS : UN SECTEUR ESSENTIEL

483. Veiller à l'équité, la transparence et la gouvernance du secteur des télécommunications :

- Veiller au respect des cahiers de charges des sociétés des télécommunications en ce qui concerne les investissements préconisés.
- Renforcer le capital humain qualifié de l'agence de régulation.
- Veiller aux droits relatifs à la garantie de l'emploi et à l'allocation des ressources.
- Mobiliser des investissements nécessaires pour un maillage du territoire national en fibre optique.

484. Former à l'usage des TIC des acteurs de l'agriculture, de la pêche et de l'élevage en les encourageant à utiliser le numérique dans la commercialisation des produits agricoles et halieutiques et dans la lutte contre le vol de bétails. Impliquer le secteur informel dans les plateformes

numériques de concertation et capitaliser des dynamiques qui naissent dans ce secteur, car chaque réussite provoque un effet d'entraînement.

485. Faciliter l'accès des PME à la commande publique dans le domaine de l'économie numérique. Créer et développer des incubateurs dans les villes universitaires en partenariat avec les collectivités territoriales pour amoindrir les charges de fonctionnement et encourager la Recherche & Développement grâce au Partenariat Public Privé. Généraliser l'identifiant unique du contribuable (type NINEA). Et accélérer l'informatisation de la gestion foncière et la promotion de la consultation en ligne des documents administratifs du cadastre.

SÉCURITÉ : UN IMPÉRATIF !

486. Nous allons mobiliser des ressources budgétaires importantes pour sécuriser notre pays, notre économie, nos populations et leurs biens, nos entreprises et notre environnement. Concernant la sécurité publique nous allons :

- Renforcer les moyens des forces de défense et de sécurité et les déployer au niveau des secteurs névralgiques comme les zones frontalières, les aéroports, les ports, les lieux de divertissement et centres sportifs.
- Renforcer les moyens de la Cellule de Lutte Anti-terroriste.
- Développer le reflexe sécuritaire chez les citoyens en diffusant des spots publicitaires au niveau des médias.
- Impliquer les guides religieux dans la sensibilisation des citoyens contre l'extrémisme religieux.
- Renforcer et consolider les initiatives développées pour la paix définitive en Casamance.

487. Concernant la sécurité civile nous allons :

- Renforcer le contrôle des constructions et l'inspection des immeubles à usage d'habitation et autres lieux recevant du public, notamment, les marchés.
- Intensifier le contrôle de l'état des véhicules, le comportement des conducteurs et la communication sur la prévention routière.
- Instaurer le permis à points et faire une application plus stricte des sanctions prévues par le code de la route.
- Lutter contre les tracasseries routières et la corruption des agents de la circulation.

488. Concernant la sécurité juridique et judiciaire :

- Finaliser le processus de réforme du code pénal et du code de procédure pénale en les alignant sur la réglementation communautaire.
- Généraliser et accélérer le rythme de l'activité des Chambres criminelles créées auprès des Tribunaux de Grande Instance.

489. Concernant la Sécurité internationale :

- Veiller davantage à la bonne surveillance des frontières en dotant les forces de sécurité nationales de moyens logistiques adéquats.
- Suivre l'évolution des conflits et mouvements armés au niveau des pays frontaliers.
- Finaliser la problématique de la délimitation des frontières.
- Développer des partenariats avec les pays riverains.

MOBILITÉ : UNE NÉCESSITÉ UNIVERSELLE

490. Construire une autoroute Dakar-Ziguinchor-Kolda contournant la Gambie et une voie ferroviaire reliant Dakar aux villes de la Casamance pour un meilleur désenclavement de la région. Renouveler les moyens de transports en commun. Désenclaver tous les villages par des pistes communautaires et relier les méga-régions par des autoroutes. Mettre en place un programme d'envergure pour relier toutes les capitales départementales par le chemin de fer et accélérer la relance du chemin de fer Dakar —Bamako.

491. Draguer les fleuves à l'intérieur du Sénégal. Impulser la réalisation des engagements de l'OMVS dans le cadre de la navigabilité. Redynamiser le transport fluvial et maritime, des personnes et des marchandises, par la réfection de tous les ports existants, la création de nouveaux ports.

492. Moderniser les parcs automobiles surtout les gros porteurs. Actualiser le programme sectoriel de transport en tenant compte du découpage du territoire en 5 méga-régions.

493. Réaliser un audit exhaustif de notre compagnie aérienne afin de la rendre compétitive, performante et rentable. Promouvoir les lignes aériennes intérieures et sous-régionales.

CINQUIÈME PILIER

REFONDER NOTRE DIPLOMATIE ET RATIONALISER LA CARTE DIPLOMATIQUE

CONSOLIDER LA DIPLOMATIE ÉCONOMIQUE ET SÉCURITAIRE

494. Nous reconnaissons les avantages mutuels de nos relations avec tous nos partenaires traditionnels comme nouveaux. Nous accordons une haute priorité au maintien et au renforcement de ces relations extérieures afin d'exploiter tout le potentiel de ce partenariat sur les plans notamment diplomatique, économique, sécuritaire. Notre pays a toujours eu intérêt à diversifier ses relations extérieures. Nous sommes dès lors déterminés à renforcer des partenariats mutuellement bénéfiques avec des pays, des régions et des organisations internationales dans le souci d'instaurer un partenariat fécond au service du développement de notre pays.

495. À cet égard, nous admettons l'importance de l'appui reçu de l'Union Européenne, des États-Unis d'Amérique, de la Chine, des Pays arabes, des différentes institutions des Nations Unies, et espérons voir cette coopération se poursuivre en vue de la réalisation de nos objectifs de

développement. Notre pays doit activement participer à la création des conditions favorables à la consolidation du processus d'intégration économique et monétaire et au renforcement de la stabilité politique, de la paix et de la sécurité au sein de la région et du continent. Ces conditions sont des préalables à l'intégration économique et au développement de la région et de notre continent qui doivent cesser d'être un terrain de chasse et de concurrence des puissances étrangères à notre détriment.

496. Sur le volet Paix, Sécurité et Stabilité, nous reconnaissons le caractère multidimensionnel des menaces contre la démocratie, la paix, la sécurité et la stabilité et soulignons notre conviction que le meilleur moyen de freiner ces menaces passe par le dialogue, le respect et la compréhension mutuelle fondés sur le strict respect du droit international. Nous condamnons l'usage de la force dans les efforts visant à résoudre les conflits. Nous soulignons dès lors que l'approche multilatérale sur les questions géopolitiques, dans le cadre des Nations Unies, est la manière la plus viable et la plus acceptable de mener le dialogue politique sur le plan international.

497. Nous notons la caractéristique désormais multidimensionnelle de la menace contre la paix, la sécurité et la stabilité dans nos sociétés. Au premier rang de ces menaces, figurent les coups d'État et les attaques terroristes dans le voisinage immédiat avec son lot d'instabilités institutionnelles. Ensuite, viennent les pandémies et épidémies (COVID-19, VIH-SIDA, Paludisme, etc.) avec ses

effets dévastateurs sur les populations et aussi le fléau mondial de la drogue et les crimes qui en découlent. De même, notre expérience montre que les menaces résultant des catastrophes naturelles (inondations, sécheresses, péril acridien, etc.) sont également destructrices en raison de leurs effets durablement déstabilisateurs sur nos économies déjà vulnérables.

498. Dans le cadre des Organisations sous régionales et internationales dont notre pays est membre, nous restons résolus à développer nos propres mécanismes de consolidation de la paix pour notre propre compte ainsi pour le compte de ces Organisations. Nous encourageons toujours le règlement pacifique des conflits et la consolidation de la paix dans nos pays par des initiatives internes, notamment le respect de l'intégrité territoriale, le respect des dispositions communautaires et de la Charte fondamentale (la Constitution) en ce qui concerne les pays membres.

499. Nous fondons beaucoup d'espoir sur le multilatéralisme. En effet, nous réaffirmons la nécessité de mettre en place un système de relations internationales caractérisées par le respect, la justice, l'égalité, la solidarité, le développement, l'absence de guerres et de toutes formes d'intolérance, et fondées sur les principes de souveraineté, d'intégrité territoriale et d'indépendance politique des États, le droit des peuples à l'autodétermination et la non-ingérence dans les affaires intérieures des États, conformément au droit international et à la Charte des Nations Unies.

500. Notre pays reste préoccupé par la tendance croissante vers l'unilatéralisme dans les affaires internationales, le repli sur soi de certains pays, le protectionnisme exacerbé des pays dits industrialisés, l'impérialisme économique de certaines grandes puissances et les agressions militaires opérées de manière unilatérale avec le risque de généralisation des conflits armés.

501. En conséquence, nous réaffirmons que le multilatéralisme est une des conditions préalables indispensables à la consolidation du partenariat mondial pour la paix et à la réalisation des Objectifs de développement du Millénaire.

Nous sommes également convaincus qu'à travers le multilatéralisme véritable, et même le bilatéralisme dans certains cas, il est possible d'apporter des améliorations majeures à l'architecture institutionnelle politique, économique et financière, permettant aux pays en quête de développement comme le nôtre de faire connaître les défis auxquels ils doivent faire face en matière de développement socio-économique.

502. Nous comptons fortement sur notre diplomatie pour développer notre secteur privé. Nous reconnaissons le rôle essentiel du secteur privé dans le développement. En tant que moteur de la croissance économique, le secteur privé est un acteur important dont le rôle complète l'action gouvernementale dans le processus de développement.

503. Nous voulons donc, à partir des coopérations multilatérales et bilatérales, créer les conditions optimales pour le renforcement de notre secteur privé, lesquelles conditions revêtent une importance majeure pour la croissance économique.

504. Nous reconnaissons par ailleurs que les investissements intérieurs et intra-CEDEAO, ACP et ZLECAF jouent un rôle central dans la croissance économique de nos pays. En matière de Commerce et développement, le principe gagnant-gagnant doit être la règle.

505. Nos matières premières agricoles et nos ressources naturelles doivent dorénavant être semi-transformées voire entièrement transformées avant d'être mises sur les marchés internationaux comme c'est pratiqué par les pays industrialisés. Notre pays opte, quoique entravé par nos capacités limitées, pour une économie industrialisée afin de créer des richesses par la valeur ajoutée et des emplois.

506. Nous nous mobilisons en faveur d'un système commercial multilatéral fondé sur des règles flexibles, la transparence et l'équité. Nous tenons aussi à la préservation et la consolidation des accords préférentiels existants qui continuent d'avoir une importance vitale pour le Groupe ACP.

507. Nous invitons nos partenaires et les institutions internationales à fournir le maximum de ressources possible pour créer et renforcer nos capacités en matière d'offre et de

commerce en se fondant sur nos besoins de manière à nous permettre d'exploiter pleinement nos possibilités d'accès aux marchés.

508. Certaines réformes de pays partenaires en matière d'agriculture ont des effets néfastes sur nos économies. Nous subissons la chute de recettes d'exportation de produits de base, à la suite des changements apportés à l'organisation commune du marché des produits essentiels. Notre pays seul ne pourra pas faire face. Il est urgent de faire bloc contre bloc pour un meilleur partenariat commercial. Les pays ACP par exemple doivent mieux s'organiser et parler d'une seule voix.

509. A titre d'exemple, notamment en ce qui concerne le thon, il y a des effets négatifs et les intérêts économiques et commerciaux des pays ACP dont le Sénégal ne sont pas pris en compte par l'UE. C'est également le cas pour d'autres pays ACP en ce qui concerne le sucre, la banane, le riz, etc. En outre, l'UE devrait faciliter l'accès à son marché pour les produits agricoles et les produits alimentaires à valeur ajoutée originaires des pays ACP. Autre illustration, les avantages dont les États ACP bénéficient dans le cadre du Protocole relatif au sucre doivent être préservés conformément aux dispositions de l'accord de Cotonou.

510. Les barrières non tarifaires, y compris les mesures sanitaires et phytosanitaires et les rigides règles d'origine applicables aux exportations ACP à destination de l'UE, demeurent un obstacle majeur au commerce. Nous devrons y apporter une réponse adéquate pour préserver nos intérêts économiques.

511. L'UE qui est un partenaire important des pays ACP tarde à prendre un engagement politique clair en vue d'adopter des mesures de promotion des exportations ACP, notamment la révision des règles d'origine qui sont existantes de manière à permettre la transformation dans les pays ACP de matières premières non originaires des pays ACP et d'autres facteurs de production importés. Ce qui constitue un déséquilibre dans nos relations commerciales.

512. La suspension prolongée par l'UE de la coopération pour le financement du développement de certains États ACP, les prive des ressources qui auraient pu contribuer positivement à la réalisation de leurs objectifs de développement. Nous devons accélérer le processus de dialogue politique nécessaire tel que prévu dans l'Accord de Cotonou, en vue de la normalisation des relations menant à la reprise rapide et totale de la coopération au développement. Les vulnérabilités des pays ACP fragilisent la dynamique de développement des pays ACP.

513. Dans le contexte international de guerres économiques sans merci, la CEDEAO et la ZLECAF doivent être des instruments essentiels pour rendre les économies africaines compétitives et croissantes. Le Potentiel est énorme, la volonté politique est exprimée, notre intérêt vital réside dans la prospérité de notre continent. Nous devons commercer entre nous, même si les conflits dans de nombreux pays africains constituent un frein. La Zone de libre-échange continentale ne doit pas être un simple slogan.

NOTRE ÉTAT DOIT ASSURER LE LEADERSHIP DANS LA CRÉATION D'UNE MONNAIE UNIQUE AU NIVEAU DE LA CEDEAO, UNE QUESTION DE MATURITÉ ET DE SOUVERAINETÉ

514. Ensemble, les pays de CEDEAO constituent une puissance économique capable de rivaliser avec nombre de pays dits industrialisés. Les apparences sont trompeuses et les symboles anachroniques car aujourd'hui, la crise du covid-19 et la guerre en Ukraine, au cœur de l'Europe ont montré les fragilités et vulnérabilités des pays industrialisés qui vivent, en leur sein par ailleurs, des crises économiques et sociales sérieuses. En fait les pays dits « grands » ne sont pas aussi grands que cela et les pays dits « petits » ne sont plus aussi petits que cela.

515. La monnaie unique est une solution idéale pour commercer en toute liberté dans un cadre stable. Cette stabilité peut donc contribuer à l'approfondissement de l'intégration des zones monétaires régionales. L'adoption

d'une monnaie commune peut réduire les coûts de transaction et accroître les échanges commerciaux au sein d'une zone monétaire.

516. Chaque système monétaire, chaque système de change, chaque union monétaire présente des avantages et des inconvénients. Il est donc utile de poursuivre les réformes institutionnelles nécessaires pour aller résolument vers la création effective d'une monnaie unique et son appropriation dans l'espace CEDEAO en veillant à ce que les avantages l'emportent sur les inconvénients.

517. De nombreuses réformes sont en cours avec le Franc CFA dans la Zone Franc et dans les différents pays hors Zone Franc membres de la CEDEAO pour atteindre cet objectif. L'ECO, nom consensuel retenu pour la monnaie de la CEDEAO, montre à quel point l'ambition et la volonté politique des pays membres sont affichées. Cependant la mise en pratique reste confrontée à des obstacles qu'il faut identifier et lever en toute lucidité et efficacité pour gagner collectivement en souveraineté monétaire, accroître les performances de nos économies respectives et assurer la stabilité et la compétitivité de la CEDEAO.

518. Au préalable, les pays de la CEDEAO doivent s'accorder définitivement sur les critères de convergence à atteindre afin de finaliser la création de la monnaie unique. Chaque pays en ce qui le concerne doit mener en interne les réformes adéquates pour développer son économie propre et accroître ses performances notamment en matière de

réduction du déficit budgétaire et de réduction de son niveau d'endettement.

519. De plus, chaque pays devra mobiliser des ressources propres afin de :

- Créer un environnement favorable sur les plans institutionnel, économique, sociodémographique, technologique, culturel et sur le plan des infrastructures.
- Assurer une stabilité macroéconomique.
- Consolider le capital humain sur le plan de la santé, de la formation des compétences.
- Développer le marché des biens et augmenter la taille du marché.
- Promouvoir le marché du travail.
- Consolider le système financier et l'adapter aux besoins du secteur privé.
- Promouvoir un écosystème ingénieux qui intègre la technologie pour soutenir le dynamisme des entreprises et l'innovation notamment en termes de process, de dématérialisation des procédures administratives et de formalisation du secteur informel.

520. En plus des pays membres de l'UEMOA qui ont en partage le FCFA, chacun des sept autres pays de la CEDEAO a sa propre monnaie : le Naïra pour le Nigéria, le Cédi pour le Ghana, l'Escudo pour le Cap-Vert, le Dalasi pour la Gambie, le Franc guinéen pour la Guinée, le Dollar libérien pour le Liberia, et le Leone pour la Sierra Leone. Ces

monnaies ne sont pas convertibles entre elles, ce qui ne facilite pas les échanges.

521. De plus, nous devrons rapidement lever certains obstacles à l'approfondissement du commerce régional tel le maintien de barrières internes, les problèmes d'infrastructures, la corruption et l'absence de réglementation douanière claire. La libre circulation des personnes et des biens doit être fluide et effective sans tracasseries et formalités complexes. Ces entraves dépassent les mécanismes régissant le fonctionnement des monnaies différentes mais contribuent de manière substantielle au développement économique de la CEDEAO.

Tirer des leçons de l'expérience franc CFA (faiblesses et contraintes du franc CFA) pour fonder une souveraineté monétaire collective de la CEDEAO

522. Le Franc CFA, anciennement Franc des Colonies Françaises d'Afrique, héritage colonial, même si l'acronyme a changé (Communauté Financière d'Afrique) est souvent considéré comme une violation de la souveraineté des pays africains les empêchant de mener une politique monétaire autonome.

Sur le plan économique (croissance, politique monétaire, financement de l'économie locale, compétitivité et coopération économique), sur le plan des relations entre anciennes colonies et pays colonisateur, sur le plan de l'appropriation de la monnaie (instrument de souveraineté) et sur le plan des symboles, les bénéfices (autres que la stabilité et la convertibilité) tirés par les pays de la Zone franc des accords de coopération monétaire, ne sont pas clairement établis, que ce soit en termes de dynamisme, de retombées économiques ou de croissance, et ce par rapport aux pays non membres.

523. La stabilité et la convertibilité du Franc CFA sont certes un atout important pour les investisseurs, cependant la totale maîtrise de la politique monétaire est essentielle pour le financement de l'économie des pays de la Zone Franc. L'obligation de centralisation d'une partie des réserves de change auprès du Trésor français vient en contrepartie de la garantie de convertibilité inconditionnelle et illimitée apportée par la France, convertibilité qui traduit pour les pays de la Zone franc une absence de tarification du risque de change.

524. Cette obligation de dépôt est également le moyen pour la France de s'informer sur son risque financier et de le piloter à sa guise. L'obligation de centralisation réduit de facto les liquidités disponibles pour le développement des économies locales. Il est important de revenir sur des faits historiques pour comprendre le fonctionnement complexe du compte d'opérations qui constitue sans doute l'un des principaux sujets d'incompréhension et de questionnement à propos de la Zone franc.

525. Dans les années 1950-1960, le Franc CFA était un moyen pour la France d'acquérir des matières premières en Afrique sans risque de change et de fournir des débouchés à ses entreprises. Les règles qui régissent le fonctionnement des comptes d'opérations sont inscrites dans les conventions de

coopération monétaires et découlent directement de la garantie de convertibilité.

526. Cet avantage, relatif au risque de change, par rapport aux approvisionnements en matières premières, en ressources naturelles et par rapport aux débouchés, qui perdure est conjointement offert à l'ensemble de la zone euro même si les données portant sur le commerce mondial indiquent une régression de la part de la France et de l'Europe dans les échanges commerciaux de la Zone franc, ainsi que dans les investissements.

527. La réalité est que l'Union Européenne demeure le principal partenaire commercial de la plupart des pays de la Zone franc même si elle perd des parts de marché, notamment face à l'Asie.

528. La France est ainsi fréquemment accusée par nombre d'acteurs et de populations de la Zone Franc de s'approprier les réserves de la BCEAO (Banque Centrale des États de l'Afrique de l'Ouest) et de la BEAC (Banque des États de l'Afrique Centrale) et, par cet instrument, de piller leurs richesses même si les sommes déposées auprès du Trésor le sont sur des comptes à vue rémunérés et librement accessibles.

529. Cette idée du pillage fortement répandue et ancrée, justifie entre autres raisons, la fermeture du compte d'opérations, prévue dans le nouvel accord de coopération monétaire avec l'UEMOA (Union Économique et Monétaire Ouest Africaine). La BCEAO dispose alors de plus de liberté

pour choisir ses placements, en fonction de leur rendement par exemple.

530. La présence de la France dans les instances techniques de la BCEAO et de la BEAC, en tant que partie dans les accords de coopération monétaire et garant, alimente l'idée selon laquelle la France dispose d'un pouvoir décisionnel en ce qui concerne la politique monétaire des pays de la Zone franc, au mépris de la souveraineté des États membres de l'UEMOA et de la CEMAC (Communauté Économique et Monétaire de l'Afrique Centrale).

531. La France est en effet représentée dans les instances techniques de la BCEAO et de la BEAC : conseil d'administration, comité de politique monétaire et autorité de supervision bancaire, même si sa présence a en outre continuellement diminué ces dernières décennies. Elle ne participe donc pas en principe à l'élaboration et à la mise en œuvre des politiques communes.

532. Dans ces instances, les représentants nommés par le ministre français de l'économie et des finances sont minoritaires : un représentant sur 10 au conseil d'administration de la BCEAO, un sur quinze dans son comité de politique monétaire, dix sur quatorze au conseil d'administration et au comité de politique monétaire de la BEAC. Ces représentants disposent d'un droit de vote, mais les décisions de chacune de ces instances se prennent à la majorité simple (à l'exception de la modification des statuts).

533. Il est important de noter que le nouvel accord de coopération monétaire avec les États de l'UMOA (Union Monétaire Ouest Africaine) qui s'occupe des questions monétaires, prévoit de mettre un terme à la représentation française au sein des instances techniques de la Banque centrale des États d'Afrique de l'Ouest alors que l'Union Économique et Monétaire Ouest Africaine (UEMOA) fait du développement économique et de l'intégration ses axes d'engagement.

534. Une perception forte et largement entretenue : le franc CFA est un obstacle à la croissance et au développement des pays qui en sont membres, même si leurs performances dans ces domaines restent contrastées. De même l'appartenance à la Zone franc n'a pas permis de faire émerger les économies de la Zone franc et constitue même un frein au développement.

535. De plus, les deux « Zones » CFA de la Zone Franc sont distinctes et autonomes sans aucune synergie ni dynamique d'ensemble. Les banques centrales des pays de la Zone franc sont en mesure de conduire une politique monétaire expansionniste et autonome, même si elles peuvent être influencées par la politique monétaire de la BCE (Banque Centrale Européenne) qui elle seule agit pour toute la zone Euro. En effet, les banques centrales sont statutairement autonomes et indépendantes, les comités de politique monétaire de la BCEAO et de la BEAC prennent leurs décisions en tenant prioritairement compte des fondamentaux de leur propre zone.

536. Cela s'illustre par exemple par la divergence de trajectoire entre la BCEAO et la BEAC, cette dernière ayant adopté une politique monétaire légèrement plus restrictive ces dernières années. Nous parlons à juste titre des Francs CFA et non du Franc CFA. Si les francs CFA sont effectivement arrimés à l'euro et que la parité est fixe, la BCEAO et la BEAC régissent souverainement les politiques monétaires de l'UEMOA et de la CEMAC. Compte tenu des règles de contrôle des changes sur les flux de capitaux, les banques centrales de ces deux zones sont en mesure de conduire une politique monétaire autonome.

537. Dans la pratique, le franc CFA est soumis aux aléas des fluctuations de l'euro et, avant lui, du franc français, mais ces effets ne peuvent expliquer à eux seuls le déficit de compétitivité des pays de la Zone franc. La parité fixe entre les francs CFA et l'euro signifie que le taux de change entre les francs CFA et les autres devises est affecté par les fluctuations de l'euro. Il faut néanmoins rappeler que ce phénomène de fluctuations ne frappe pas seulement le franc CFA, toutes les monnaies s'apprécient ou se déprécient entre elles. Seulement, les fluctuations du franc CFA dépendent de façon beaucoup plus directe de celles de l'Euro.

538. De nombreux arguments nourrissent l'idée largement répandue selon laquelle la Banque de France et le Trésor français exercent une « tutelle » sur les banques centrales de la Zone franc. En effet, La Banque de France entretient des relations commerciales et de coopération avec la BCEAO et la BEAC.

539. Ces relations sont indépendantes des accords de coopération monétaire conclus avec la France et sont similaires à celles que peut entretenir la Banque de France avec d'autres banques centrales. Elles disposent ainsi d'un compte de correspondant et d'un compte titres auprès de la Banque de France, à l'instar de très nombreuses banques centrales. Sur le plan institutionnel, la BCEAO et la BEAC sont régies par des dispositions statutaires adoptées par les conseils des ministres des finances de chacune de ces zones. La France ne siège pas dans ces conseils.

540. Si la Banque de France a noué des accords de coopération bilatéraux avec la BEAC et la BCEAO, c'est avec cette dernière que les relations sont les plus étroites. Les deux banques centrales ont un accord de coopération extrêmement large qui couvre la quasi-totalité des missions et des métiers d'une banque centrale (politique monétaire, supervision bancaire, contrôle prudentiel). Cette coopération se traduit par des réunions fréquentes, à tous les niveaux.

541. La Banque de France exerce par ailleurs quelques missions spécifiques à la Zone franc : la réalisation d'études sur le financement du développement et les pays de la Zone franc, la rédaction et la publication du rapport annuel sur la Zone franc, en association avec les deux banques centrales précitées, qui fournissent des informations détaillées sur la situation économique et financière des pays membres, le secrétariat du comité monétaire de la Zone franc et la préparation des réunions semestrielles des ministres des finances de la Zone franc.

542. Certaines missions pourraient disparaître ou être amenées à évoluer avec la réforme, qui n'affecte toutefois pas les accords de coopération ou les relations commerciales entre la Banque de France et la BCEAO ou la BEAC, relations qui couvrent la fabrication de la monnaie.

543. Les billets circulant au sein des deux unions sont en effet imprimés en France par la Banque de France, tandis que les pièces sont frappées par la Monnaie de Paris. Cette décision ne provient pas d'une obligation inscrite dans les accords de coopération mais relève du choix des banques centrales concernées, pour des raisons avant tout commerciales, techniques et certainement historiques.

544. Une pratique courante en Afrique qui nous coûte des ressources et des emplois et qui devra être corrigée car plusieurs banques centrales africaines ont confié la fabrication de leurs billets à des imprimeurs étrangers. Par exemple, le franc guinéen, le birr éthiopien, le shilling ougandais ou le pula botswanais sont fabriqués en Angleterre, l'ouguiya mauritanien, le nakfa érythréen, le shilling tanzanien ou encore le kwacha zambien sont produits en Allemagne, le dollar libérien aux États-Unis.

545. Seuls neuf pays africains ont développé leurs propres industries de fabrication. Il s'agit du Maroc, de l'Algérie, du Nigéria, du Kenya, de la République démocratique du Congo, le Ghana, du Soudan, de l'Égypte et de l'Afrique du Sud, une expérience à capitaliser dans le contexte actuel de guerres commerciales et de guerres tout court et de tensions économiques internationales.

546. La fabrication de billets CFA est assurée par la papeterie de Vic-le-Comte et par l'imprimerie de Chamalières, deux sites situés en Auvergne en France. Cela coûterait environ 45 millions d'euros par an à la BCEAO (achat, transport et assurance des billets). Environ 900 personnes y travaillent, 300 à la papeterie, 600 à l'imprimerie. L'impression des billets de la Zone franc représente une part prépondérante de l'activité de l'imprimerie.

547. Frapper sa monnaie revêt en effet une dimension politique et symbolique forte : la future banque centrale de la CEDEAO pourrait confectionner l'ECO dans un des pays membres en développant les infrastructures nécessaires.

548. En matière d'industrialisation et de financement de l'économie locale, les résultats de la Zone franc sont décevants. Les niveaux et le poids de la production industrielle ne sont pas satisfaisants et la progression de l'emploi industriel faible.

549. Cela s'observe également au niveau des exportations, non seulement la part du secteur manufacturier est faible, mais elle a plutôt eu tendance à diminuer ces dernières années. Le processus d'industrialisation est très lent en Zone franc.

550. Avoir une monnaie commune peut faciliter la mise en œuvre de politiques économiques et monétaires communes, et ce dans une pluralité de domaines (commerce, mobilisation des ressources, libre circulation des personnes, développement du système financier). La monnaie

commune renforce la solidarité régionale et facilite la poursuite d'objectifs d'intérêt commun. Une monnaie unique de la CEDEAO arrimée à un panier de monnaie Euro-Dollar US-Yuan chinois par exemples pourra permettre un saut qualitatif.

551. Un régime de change plus flexible est en effet perçu par certains économistes comme permettant davantage aux pays de répondre aux chocs exogènes et aux aléas économiques internationaux. Il est essentiel de rattacher la monnaie unique à un panier de monnaies reflétant à la fois les origines et destinations du commerce extérieur mais également la nature des biens et services concernés.

NOTRE DIASPORA EST UN ATOUT ESSENTIEL

552. Pour faciliter l'intégration et l'implication de nos compatriotes de la diaspora dans le tissu socio-économique de notre pays et leur plein épanouissement, des dispositions spécifiques seront prises. Fondamentalement, nous allons mobiliser l'épargne et des ressources publiques pour financer les projets d'investissements de nos compatriotes de la diaspora dans l'industrie, l'agriculture, la pêche, l'élevage, le tourisme, l'immobilier de résidence dans les méga-régions insuffisamment dotées et les services.

553. Au profit des sénégalais de l'extérieur, nous allons établir une base de données sur les opportunités d'investissements, développer des programmes spécifiques d'information relatifs à l'effort de développement national au niveau des Ambassades et Consulats du Sénégal, mettre en relation les porteurs de projets avec les acteurs du secteur privé national et instituer des cadres de concertation au niveau national et dans chaque pays d'accueil.

554. Créer un nouvel Organe institutionnel, doté de moyens humains, logistiques et financiers importants, intégrant le Fonds d'Appui à l'Investissement des Sénégalais de l'Extérieur (FAISE) afin de coordonner les programmes et projets initiés en faveur de notre diaspora, suivre le cycle de vie de leurs projets et mieux encadrer les industries naissantes, notamment dans le phasage des financements, l'accomplissement des formalités administratives et la mise en place des process.

555. Par exemple nous allons regrouper les femmes bénéficiaires du fonds revolving de la diaspora en des Groupements d'Intérêt Économique afin d'élargir la base des bénéficiaires et d'améliorer le système de recouvrement. Également accompagner les jeunes compatriotes de la diaspora porteurs de projets de créations d'industries innovantes dans l'économie numérique et la haute technologie.

CONCLUSION

2024 est nécessairement un nouveau point de départ pour notre pays qui doit apprendre de ses expériences, de son histoire, de sa géographie, de sa sociologie et de sa socio-démographie, pour fonder et mettre en pratique un Sénégal Entreprenant et Solidaire qui assoit les fondements du développement économique et social dans la solidarité et la sécurité tout en préservant durablement notre environnement. La priorité est donnée à l'économie dans la solidarité.

A la lumière des leçons du passé en termes d'apprentissage de nos réussites et nos échecs dans la mise en pratique et le suivi des politiques publiques, de même que de l'analyse du faible niveau de la transformation positive de notre économie et du développement économique dans sa globalité, nous proposons ces cinq piliers du Sénégal entreprenant et solidaire pour relever durablement les défis de la prospérité, de la solidarité, de la sécurité, de la modernité et du vivre mieux ensemble. En effet, cela fait 60 ans que nous parlons du développement et de l'avenir du Sénégal. Cette conception du développement et de l'avenir de notre pays ne commence-t-elle pas à vieillir ?

1960 — 1980, deux décennies d'après indépendance pour bâtir laborieusement un État et une Administration inspirés de la France avec des résultats en dessous des attentes du fait de la transposition mécanique, systémique et de la non prise en compte de toutes les spécificités des facteurs socio-économiques et sociologiques de notre pays ni même de l'Afrique.

1980 — 2000, deux décennies de lutte contre la pauvreté et tentative de sortie du sous-développement. Des résultats encore décevants et les ajustements structurels imposés n'ont pas produit les résultats escomptés.

2000 — 2020 deux décennies de volonté affichée de transformation de notre société et de notre économie accompagnée de tentative de consolidation de notre État et de continuation de la décentralisation et de la déconcentration. Les résultats escomptés ne sont pas au rendez-vous.

Au regard de toutes ces tentatives échouées, basées sur une même vision du développement nous pensons qu'il est temps de repenser le plan de développement intégral de notre pays. Les deux prochaines décennies peuvent être un véritable tournant dans le processus de développement du

Sénégal si elles sont consacrées au plan Sénégal Entreprenant et Solidaire (SES). Ce plan permettra au Sénégal de véritablement gagner la bataille du développement en réconciliant les sénégalais autour des réformes importantes.

Le plan Sénégal Entreprenant et Solidaire exhorte l'implication de tout le peuple sénégalais dans la réalisation d'un État d'avenir. Il nous pousse tous à devenir une meilleure version de nous-mêmes afin de nous inscrire dans l'élan de développement. Nous devons nous y atteler au quotidien en évitant le piège de la hâte, des symboles et de la frénésie pronunciamiento militaire. Ce qu'il faut à notre pays, c'est de prendre le temps d'analyser l'histoire des hommes et des femmes afin de bâtir un développement durable inclusif.

Il y a le temps des crises puis le temps de la réflexion et enfin le temps d'entreprendre l'action, c'est cela le Sénégal Entreprenant et Solidaire, un préalable avant d'atteindre un niveau correct de développement. Car comme le disait Nelson MANDELA « *Cela semble toujours impossible jusqu'à ce que cela soit fait* ». La voie du succès est devant nous !

À PROPOS DE L'AUTEUR

Sur le plan académique, El Hadji Ibrahima MBOW est titulaire d'un Doctorat en Sciences de Gestion de l'Université Cheikh Anta Diop de Dakar (Sénégal). Il est également titulaire d'un Diplôme de 3ème cycle Diplôme d'Études Supérieures Spécialisées en Gestion des Industries Agroalimentaires de l'Université de Bourgogne en France, diplôme de l'Institut d'Administration des Entreprises (IAE) et de l'École Nationale Supérieure de Biologie Appliquée à la Nutrition et à l'Alimentation (ENSBANA) devenue AGROSUP Dijon (France).

Sur le plan institutionnel, El Hadji Ibrahima MBOW est membre du Conseil Économique, Social et Environnemental, CESE, Sénégal, 1er Secrétaire élu, membre du bureau du CESE. Il a occupé plusieurs fonctions au sein de l'Institution :

- Rapporteur de la Commission du développement rural.

- Rapporteur de la Commission ad hoc en charge des procédures du code des marchés publics.
- Rapporteur de la Commission ad hoc en charge des ressources pétrolières et gazières.
- Membre de la Commission ad hoc en charge de la réforme foncière.
- Chef de délégation pour les missions terrains dans les tribunaux et les centres des impôts dans le cadre de la commission en charge de la modernisation de l'administration.
- Chef de délégation au Luxembourg, en Espagne et en Tunisie à l'occasion de rencontres internationales.

Il a été Président de la Commission Santé du Comité Force COVID-19 durant la pandémie.

Également, Commissaire membre de la Commission Nationale du Dialogue des Territoires (CNDT).

Membre du Comité National de Pilotage (CNP) des Assises Nationales.

Sur le plan professionnel, Chef d'entreprise et Expert dans la Création et la Mise à Niveau d'entreprises industrielles, commerciales et de services, El Hadji Ibrahima MBOW a dirigé pendant de nombreuses années des entreprises en France notamment à Orléans, Lyon et Bordeaux.

Il a également formé des centaines de cadres supérieurs & techniciens des secteurs public et privé pour le compte de multinationales, d'entreprises renommées, d'organisations internationales et de nombreuses PME européennes et africaines. Il a été membre du Jury d'évaluation des Techniciens Supérieurs pour le compte du Ministère français de l'Agriculture.

Il dispense des enseignements dans plusieurs Universités et continue ses activités de chercheur au sein du laboratoire Finance Organisation Comptabilité et Stratégie (FOCS) de la Faculté des Sciences de Gestion (FASEG) de l'UCAD.

Sur le plan politique, Dr El Hadji Ibrahima MBOW est Fondateur et Président de Union Citoyenne Bunt-Bi Parti Politique légalement constitué depuis 2007.

Il a été anciennement élu au Conseil Municipal de la Commune de Sokone (Région de Fatick).

TABLE DES MATIÈRES

Deuxième pilier
Refonder et moderniser l'administration

Troisième pilier
Aménager le territoire. Mise en place de cinq (5) mega-regions ou régions territoires

Quatrième pilier
Garantir les services prioritaires universels

Cinquième pilier
Refonder notre diplomatie et rationaliser la carte diplomatique

Structures éditoriales du groupe L'Harmattan

L'Harmattan Italie
Via degli Artisti, 15
10124 Torino
harmattan.italia@gmail.com

L'Harmattan Hongrie
Kossuth l. u. 14-16.
1053 Budapest
harmattan@harmattan.hu

L'Harmattan Sénégal
10 VDN en face Mermoz
BP 45034 Dakar-Fann
senharmattan@gmail.com

L'Harmattan Cameroun
TSINGA/FECAFOOT
BP 11486 Yaoundé
inkoukam@gmail.com

L'Harmattan Burkina Faso
Achille Somé – tengnule@hotmail.fr

L'Harmattan Guinée
Almamya, rue KA 028 OKB Agency
BP 3470 Conakry
harmattanguinee@yahoo.fr

L'Harmattan RDC
185, avenue Nyangwe
Commune de Lingwala – Kinshasa
matangilamusadila@yahoo.fr

L'Harmattan Congo
219, avenue Nelson Mandela
BP 2874 Brazzaville
harmattan.congo@yahoo.fr

L'Harmattan Mali
ACI 2000 - Immeuble Mgr Jean Marie Cisse
Bureau 10
BP 145 Bamako-Mali
mali@harmattan.fr

L'Harmattan Togo
Djidjole – Lomé
Maison Amela
face EPP BATOME
ddamela@aol.com

L'Harmattan Côte d'Ivoire
Résidence Karl – Cité des Arts
Abidjan-Cocody
03 BP 1588 Abidjan
espace_harmattan.ci@hotmail.fr

Nos librairies en France

Librairie internationale
16, rue des Écoles
75005 Paris
librairie.internationale@harmattan.fr
01 40 46 79 11
www.librairieharmattan.com

Librairie des savoirs
21, rue des Écoles
75005 Paris
librairie.sh@harmattan.fr
01 46 34 13 71
www.librairieharmattansh.com

Librairie Le Lucernaire
53, rue Notre-Dame-des-Champs
75006 Paris
librairie@lucernaire.fr
01 42 22 67 13

www.ingramcontent.com/pod-product-compliance
Lightning Source LLC
LaVergne TN
LVHW011306061026
849535LV00005B/1430